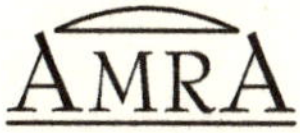
AMRA

TED MAHR

# Die ganze Welt wird EINS sein!

Gechannelte Botschaften
von John F. Kennedy, Dwight D. Eisenhower,
Albert Einstein, Nikola Tesla,
der Galaktischen Allianz
und anderen Meistern der Neuen Zeit

Vorwort von Paul Hellyer

Aus dem Amerikanischen von
Maria Müller-de Haen

**Besuchen Sie unseren Shop:**
**www.AmraVerlag.de**

*Ihre 80-Minuten-Gratis-CD erwartet Sie.*
*Unser Geschenk an Sie … einfach anfordern!*

Amerikanische Originalausgabe:
MESSAGES FROM THE MASTERS.
A COSMIC BOOK OF GALACTIC WISDOM

Deutscher Erstdruck im AMRA Verlag
Auf der Reitbahn 8, D-63452 Hanau
Hotline: + 49 (0) 61 81 – 18 93 92
Service: Info@AmraVerlag.de

| | |
|---|---|
| Herausgeber & Lektor | Michael Nagula |
| Einbandgestaltung | Guter Punkt |
| Layout & Satz | Birgit Letsch |
| Druck | CPI books GmbH |

ISBN Printausgabe 978-3-95447-585-8
ISBN eBook 978-3-95447-586-5



Vielen Dank für die Unterstützung bei diesem Buch an Diana Schulz vom EchnAton Verlag und an Konrad Halbig vom Koha Verlag.

*Ich widme dieses Buch*
*meinem wunderbaren Vater*
*und meiner Pflegemutter Teri –*
*sowie Albert Einstein, John F. Kennedy,*
*Dr. Masaru Emoto, Nostradamus*
*und all den anderen großen Geistern.*

# Inhalt

## Anhänge

Masaru Emotos Wasserkristallbild des Songs *Imagine*

Stell dir all die Menschen vor,
die in Frieden leben …

Stell dir vor, keine Besitztümer …

Keine Notwendigkeit für Gier
oder Hunger …

Eine Bruderschaft der Menschen,
die sich die ganze Welt teilt …

Du sagst vielleicht, ich bin ein Träumer,
aber ich bin nicht der Einzige …

Die ganze Welt wird eins sein.

John Lennon, *Imagine*

# Vorwort

Auch wenn so manche Leser und Leserinnen dieses Buch etwas »abgehoben« finden mögen, ist es doch ein faszinierendes und zugleich wichtiges Werk. Theodore Mahr nimmt uns dank seiner medialen Begabung mit auf eine unglaubliche Reise in das Reich des Lebens nach dem Tod. Wir haben so die Möglichkeit, von alten Meistern und mächtigen Politikern aus deren Perspektive der Rückschau zu lernen.

Für mich ist es wirklich sehr hilfreich, einige der sogenannten Verschwörungstheorien durch Fakten untermauert zu sehen. Präsident Kennedy zählt verschiedene Mitverschwörer auf, die seinen Mord gemeinsam geplant und ausgeführt haben und zeichnet ein Bild davon, wie wunderschön die Welt hätte werden können, wenn er überlebt hätte. Präsident Eisenhower bestätigt, dass er sowohl mit guten als auch selbstsüchtigen Aliens zusammengetroffen ist, unter anderem mit den sogenannten Reptiloiden, die ihn zunächst erpresst und dann verraten haben. Ein Vertreter der Galaktischen Föderation, Valiant Thor, lebte von 1957 bis 1960 sogar im Pentagon. Er bot uns ein Leben in Frieden und Wohlstand und die

Ausrottung sämtlicher Krankheiten. Doch er wurde abgelehnt von Machtmenschen wie Richard Nixon, der Freunde in der Pharmaindustrie hatte, und den Stabschefs, die die Nukleartechnik nicht aufgeben wollten. »Sie wurde von allen erleuchteten Zivilisationen im ganzen Universum verboten, weil sie nur zu Tod und Zerstörung führt.«

Am meisten erfreuen mich die Worte von Nostradamus und Leonardo da Vinci. Ihrer Aussage nach haben die schlimmen Voraussagen eines apokalyptischen Armageddons ihre Gültigkeit verloren. Das macht uns allen Mut. Die Menschheit blickt in eine strahlende Zukunft, wenn sie danach strebt, in eine höhere Dimension aufzusteigen, und zwei wesentliche Tatsachen akzeptiert: Das Universum ist eins und Liebe der »Klebstoff«, der alles zusammenhält.

Wir dürfen uns eines bewusst machen: Es geht einzig und allein um die Liebe – darum, dem Gott zu dienen, der ein Universum aus Liebe und Licht erschaffen hat.

Paul Hellyer

*ehemaliger kanadischer Verteidigungsminister*

# Jetzt ist der richtige Zeitpunkt!

Ich wurde von großen Seelen gebeten, dieses Buch zu schreiben. Darunter befinden sich Koryphäen wie Professor Albert Einstein, J. Robert Oppenheimer, Michele de Nostradamus, Leonardo da Vinci, US-Präsident John F. Kennedy, Senator Robert F. Kennedy, Dr. Masaru Emoto, Mahatma Gandhi, Nikola Tesla, US-Präsident Dwight D. Eisenhower, die Galaktische Allianz und Zorra von der Hohlen Erde. Die galaktische Weisheit ihrer kosmischen Botschaften soll die Menschheit und den Planeten Erde auf ihrem Weg von der Dunkelheit ins Licht begleiten. Und sie sind sich alle einig: *Jetzt ist der richtige Zeitpunkt, um diese Informationen zu veröffentlichen.*

Sie sagen, wir sind alle Seelen, die nur deshalb in einem physischen Körper wohnen, um in dieser irdischen Schule unsere Lektionen zu lernen und aufsteigen zu können. Wir alle sind sozusagen Schüler in verschiedenen Klassen. Manche von uns sind junge oder neue Seelen, die ihre Seelenlektionen lernen, andere hingegen sehr alte Seelen, die erneut auf den Pla-

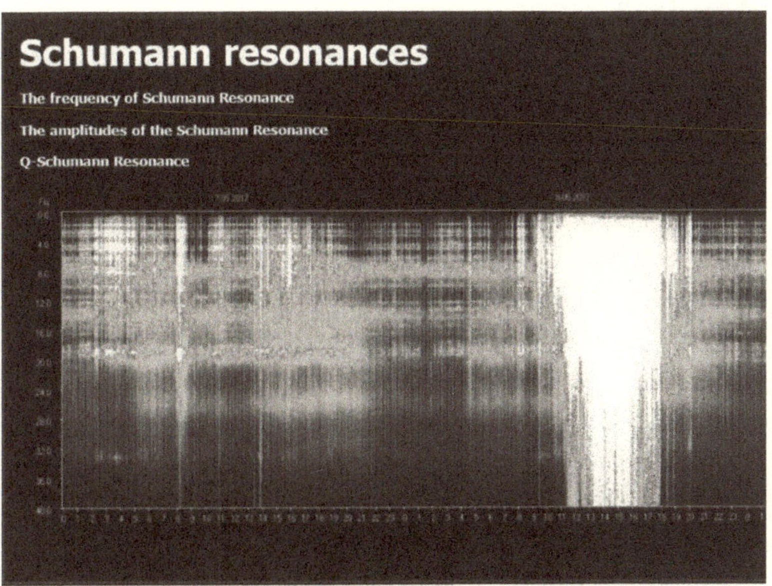


neten gekommen sind, um der Menschheit bei ihrem Aufstieg zu helfen. Ich selbst weile seit etwa 52.000 Jahren hier und habe bereits 720 Leben auf der Erde geführt. Meine einzige Aufgabe besteht darin, das Bewusstsein hier zu erhöhen, damit die Menschheit und der Planet den Aufstieg vollziehen können. All die wundervollen Wesen von der anderen Seite, mit denen ich in Freundschaft verbunden bin, hegen die große Hoffnung, dass ihre sehr profunden und wichtigen Botschaften von euch gelesen und gehört werden.

Ja, auch für die Erde ist der Aufstieg in höhere Dimensionen vorgesehen. Im September 2016 wechselte sie zum ersten Mal seit mindestens 26.000 Jahren in eine positive Energie. Jahrtausende lang lag die Schumann-Resonanz, die Eigenschwingung unseres Planeten, bei 7,83 Hertz. Am 31. Januar 2017 erreichte sie das erste Mal seit Beginn der Geschichtsschreibung Frequenzen von 36 Hertz und mehr.[1] Am 8. Mai 2017 stieg die Frequenz des Planeten sogar bis auf einen Höchststand von 120 Hertz.[2]

Meiner Überzeugung nach wird die Frequenz unseres Planeten in Zukunft – durch den Wechsel in die fünfte Dimension – noch höher liegen. Und es stehen weitere positive Veränderungen bevor. Die gute Nachricht lautet: Dank dieser Veränderungen wird es keinen Dritten Weltkrieg und kein Armageddon geben, die lange und immer wieder vorausgesagt wurden. Natürlich stehen wir vor vielen Herausforderungen, die uns allen heute mehr denn je vor Augen stehen – darunter Umweltprobleme, wie sie durch Fukushima hervorgerufen wurden und dem geheimen weltweiten Chemtrail-Programm. Doch wenn wir alle zusammenarbeiten, können und werden wir für unseren Planeten eine Wende herbeiführen, die vermutlich schneller erfolgen wird, als wir uns das vorstellen können.

Wir alle sind machtvolle spirituelle Wesen, deren Bestimmung es ist, sich zu höheren Dimensionen weiterzuentwickeln. Mithilfe des Höchsten Wesens, des Urschöpfers, stehen wir jetzt im Begriff, eine wundervolle, strahlende Zukunft zu erschaffen – und das nicht nur für uns, sondern auch für unsere Kinder und viele weitere Generationen.

Das wahre Wesen der Menschheit auf Erden besteht darin, gütig, liebevoll und wohlwollend zu sein. Treffen wir die richtigen Entscheidungen – und ich weiß, dass wir das tun werden –, können und werden wir einen erheblich glücklicheren und harmonischeren Planeten erschaffen, eine Erde ohne

---

1 Dokumentiert auf der Webseite https://drjoedispenza.com/blogs/dr-joes-blog/what-does-the-spike-in-the-schumann-resonance-mean (aufgerufen am 18. März 2022).

2 Bildquelle: https://whispersfromthesoul.com/?s=Schumann

Konflikte und Kriege, auf der wir in Eintracht leben werden. Wir alle tragen in uns den Funken des Höchsten Wesens, des Urschöpfers, den Funken Gottes. In diesem Sinne sind wir alle eins – unabhängig von unserem Glauben, unserer Rasse oder unserer Kultur. Sobald wir erst einmal erkennen, dass wir eins sind, werden Kriege, Negativität und Konflikte, wie wir sie derzeit auf dem Planeten erleben, verschwinden.

Die politische, gesellschaftliche Seite dieses Aufstiegs hätte schon vor mehr als fünfzig Jahren stattfinden können, wäre US-Präsident John F. Kennedy nicht am 22. November 1963 durch die Machenschaften des Tiefen Staates aus dem Leben gerissen worden. Wäre er nicht ausgeschaltet worden, würden die USA inzwischen diplomatische Beziehungen mit anderen, uns wohlgesonnenen, menschlichen und außerirdischen Zivilisationen unterhalten und wir alle, jeder Einzelne von uns, könnte ganz leicht mehr als einhundertfünfzig Jahre lang leben. Die amerikanische Notenbank Federal Reserve wäre schon vor Jahrzehnten abgeschafft worden. Geld hätte als Tauschmittel keine Bedeutung mehr, denn es stünde kostenlos Energie zur Verfügung. Auf dem ganzen Planeten würden Frieden und Harmonie herrschen – und wir wären sowohl auf materieller als auch auf spiritueller Ebene viel reicher, als wir es derzeit sind, denn Kriege würden der Vergangenheit angehören.

Im Laufe der gerade angebrochenen 2020er Jahre wird sich die Menschheit spirituell entscheidend weiterentwickeln – wir stehen jetzt an einem Scheideweg! Entweder wir entscheiden uns für den Weg nach oben und entwickeln uns spirituell weiter, oder wir begeben uns hinab auf den negativen Weg der Konflikte und Kriege. Doch ich weiß, vor uns allen liegt eine leuchtende, großartige Zukunft auf diesem Planeten. Wir werden die richtige Wahl treffen und die Erde in einen wunderschönen, herrlichen Ort verwandeln – nicht nur für uns selbst, sondern auch für unsere Kinder und Kindeskinder.

Ich hoffe, Sie finden Gefallen am vorliegenden Buch und den aufschlussreichen Botschaften, die es enthält. Es sind viele große Männer der Weltgeschichte auf diesen Seiten versammelt. Ihre Mitteilungen an die Leserinnen und Leser sollen der Menschheit als Leitfaden für die Erschaffung eines wunderschönen Planeten voller Liebe und Glück dienen!

# Wir alle haben mediale Fähigkeiten

In einer Familie mit medialen Fähigkeiten aufgewachsen, stehe ich seit 1994 in Kontakt mit der anderen Seite. Ich bin ein Medium, und das Sprechen mit Geistwesen und Verstorbenen ist für mich genauso einfach und selbstverständlich wie ein Gespräch mit Menschen in unserer Dimension.

Meine Mission, die Erde zu einem besseren und glücklicheren Planeten zu machen, begann bereits vor 720 Leben oder 52.000 Jahren. Damals gelangte ich über das Siebengestirn der Plejaden vom Arcturus hierher. Mein Freund Simon Parkes ließ mich wissen, dass ich von einem Leben auf Arcturus in der sechsten Dimension in die fünfte Dimension der Plejaden gelangte. Hier erlernte ich das Menschsein, um anschließend auf die Erde zu kommen und dazu beizutragen, das Bewusstsein der irdischen Menschheit und die Schwingung des Planeten zu erhöhen. Ich bin also schon seit sehr langer Zeit auf der Erde.

Ich lebte bereits zu Zeiten von Atlantis hier, vor 12.500 Jahren, als eine Gruppe machthungriger, negativ gesinnter

Menschen sowohl Atlantis als auch Lemurien durch einen Atomkrieg vernichtete. Als Priester in einem der Tempel von Atlantis versuchte ich gemeinsam mit meinen Freunden, diese Tragödie abzuwenden, aber es gelang uns nicht, und so gingen diese gewaltigen Reiche gemeinsam unter. Doch viele der Wesenheiten, die damals dabei waren, sind auch heute wieder auf der Erde. Manche haben ihre Lektion gelernt und sind zurückgekommen, um dazu beizutragen, diesen Planeten zu einem schönen, harmonischen Ort zu machen. Andere haben nichts dazugelernt und versuchen abermals, diesen wunderschönen Planeten zu zerstören. Aber zum Glück tragen diesmal ganz ohne Frage die positiven Kräfte des Lichts den Sieg davon – ich weiß, dass wir das Bewusstsein erhöhen und die Erde zu einem besseren und glücklicheren Ort machen werden!

Sowohl Professor Albert Einstein als auch Nikola Tesla waren vor 12.500 Jahren in Atlantis dabei. Auch diese beiden großen Geister, die im vorliegenden Buch zu uns sprechen, haben versucht, die irdische Zivilisation daran zu hindern, sich selbst zu zerstören. Sie und alle ihre wundervollen Freunde aus der Geistigen Welt möchten, dass ihre Botschaften in diesem inspirierenden Buch der Menschheit dabei helfen, einen ganz großartigen neuen Planeten Erde zu erschaffen.

Ich weiß, dass wir es gemeinsam schaffen werden!

# Die Botschaften

*Kontakt mit den Großen Geistern*

Albert Einstein

# 1

# Professor Albert Einstein

Es erfordert eine gewisse Konzentration, sich auf die andere Seite einzustimmen, und sehr viel positive und hoch schwingende Energie. Liebe und gute Gedanken sind die »Währung« der anderen Seite. Und so war es kein Wunder, dass mein erster Kontakt mit den Großen Meistern an einem wunderschönen Frühlingstag im Februar 2012 zustande kam, gleich zu Beginn der umfassenden energetischen Veränderungen, die sich auf der Erde vollzogen. Ich machte gerade einen Spaziergang durch einen über alle Maßen hinreißenden Wald.

Lichte Sonnenstrahlen schienen durch das Blattwerk der Bäume. Ich war fast den ganzen Tag damit beschäftigt gewesen, das Skript für meine spirituelle TV & Radiosendung zu schreiben – sie heißt *Out of This World Radio*.[3] Ich war gut gelaunt und voller Energie. Ich hatte darüber meditiert, welch

---

3 Die Show wird jeden zweiten Montag von 21:00 bis 23:00 Uhr MEZ (Mitteleuropäische Zeit) aus Seattle und Bellevue, Washington, in den USA ausgestrahlt und kann auf www.outofthisworld1150.com als Video-Livestream gesehen werden.

großer Mann Professor Albert Einstein[4] doch war – und als ich so durch den Wald spazierte, kam er plötzlich zu mir und trat telepathisch mit mir in Kontakt.

Wer mit verstorbenen Persönlichkeiten spricht, sollte wissen, dass es nicht nur die drei bekannten grobstofflichen Dimensionen der irdischen Welt gibt, sondern zwölf verschiedene Dimensionen, die alle unablässig ineinandergreifen und unseren Bewusstseinsraum schaffen. Die zwölfte Dimension ist Gott oder das Höchste Wesen. Wir Menschen leben in der dritten Dimension. Professor Einstein und die großen Seelen, mit denen ich kommuniziere, existieren dagegen in der fünften oder einer noch höheren Dimension. In der fünften Dimension, in der sich auch Professor Einstein befindet, gibt es noch Körperhaftigkeit, und diese Dimension ist genauso real wie die dritte – sie ist einfach nur anders.

Meine Freunde auf der anderen Seite versichern mir immer wieder, dass es so etwas wie den Tod in Wahrheit gar nicht gibt. Wenn wir auf die andere Seite gehen, treten wir lediglich in die fünfte Dimension über, eine höhere und lichtvollere Existenz, die die morphogenetischen Felder und die universalen Datenbänke enthält. Zeit existiert einzig und allein in der vierten Dimension, die fünfte Dimension ist ganz anders strukturiert. Es gibt dort keine Vergangenheit, Gegenwart oder Zukunft in unserem Sinne mehr – alles existiert im Hier und Jetzt und wirkt feinstofflich und organisierend auf die unteren Ebenen ein. Ein gutes Medium ist in der Lage, medial in diese fünfte Dimension zu reisen, durch die »Zeit« zu schauen und Vergangenheit, Gegenwart oder Zukunft genau zu betrachten. Es betreibt dann sogenanntes »Remote Viewing«, auch als Fernwahrnehmung bekannt (siehe Anhang A).

---

4 Bild am Kapitelanfang: Archiv des Autors

# Botschaften von Professor Einstein

Eine der ersten Botschaften, die ich von Professor Einstein empfing, lautete, der Planet Erde sei dazu bestimmt, in die fünfte und anschließend in noch höhere Dimension aufzusteigen. Mit der spirituellen Weiterentwicklung der Menschheit wurde der Schleier zwischen uns und diesen höheren Dimensionen immer dünner, bis der gesamte Planet vor einer Weile in die vierte und gerade sehr schnell in die fünfte Dimension überwechselt.

Professor Einstein ließ mich bei dieser Gelegenheit wissen, dass er gern mit »Professor Einstein« oder »Albert« angeredet werden möchte. Nur »Einstein« genannt zu werden gefällt ihm gar nicht, er findet das respektlos. Insbesondere jetzt, in einer Zeit, in der sich die Erde schnell auf die höheren Dimensionen hin entwickelt, haben Professor Einstein und die anderen verstorbenen Größen viele erleuchtende und profunde Botschaften für die Menschheit parat. Wie er sagt, gibt es keinen Grund, warum er und seine Freunde nicht von der anderen Seite aus mit den Menschen reden könnten. Sie möchten nicht nur ihre Arbeit, die sie in der dritten Dimension auf dem Planeten begonnen haben, fortführen, sondern uns auch bei unserer spirituellen Entwicklung unterstützen. Sie wollen uns dabei helfen, den wunderschönen Planeten zu erschaffen, den wir erschaffen sollen.

Dies ist eine Zeit der Wahrheit – Wahres wird immer wahrer, Unwahrheiten und Lügen werden entlarvt und einfach auf der Strecke bleiben, ganz egal, ob es dabei um Regierungen und Unternehmen oder um Privatpersonen geht.

Alles steigt in uns auf!

Wie der Professor betont, »sind wir alle eins«. Das ist eine seiner wichtigsten Botschaften, über die er bereits während seines Lebens auf der Erde schrieb. »Als Menschen sind wir ein Teil des Ganzen, das wir Universum nennen, ein in Zeit und Raum begrenzter Teil«, sagt er, »und so erleben wir uns selbst, unsere Gedanken und Gefühle als etwas, was vom Rest der Schöpfung getrennt ist – eine Art optische Täuschung des Bewusstseins. Diese Täuschung ist für uns eine Art Gefängnis, das uns auf unsere persönlichen Wünsche und auf die Zuneigung zu einigen wenigen Menschen beschränkt, die uns am nächsten stehen. Unsere Aufgabe muss es sein, uns aus diesem Gefängnis zu befreien, indem wir alle Lebewesen und die ganze Natur in all ihrer Schönheit in unser Mitgefühl mit einbeziehen.«[5]

Bei unserem allerersten Gespräch im Februar 2015 teilte Professor Einstein mir mit, der Planet würde sich bereitmachen, in das »Positive«, wie er es nannte, überzugehen. Zu diesem Zeitpunkt waren die meisten Menschen zwar noch negativ gesinnt, aber schon bald würde der Planet zu einer positiven Energie wechseln. Meinem Eindruck nach geschah das auch. Der Übergang erfolgte im September 2016. Natürlich stehen wir noch immer vor vielen Herausforderungen, doch uns erwartet eine strahlende Zukunft.

Es wird keinen Dritten Weltkrieg und auch keine weitere nukleare Massenvernichtung mehr geben.

Auf meine Frage nach der Atombombe erzählte Professor Einstein mir gleich, dass er »als Bauernopfer benutzt« wurde, als er 1939 Präsident Roosevelt in einem Brief dazu riet, die Atombombe zu entwickeln. Durch die andere Seite weiß er

---

5 Das Zitat von Albert Einstein stammt von http://www.goodreads.com/quotes/369-a-human-being-is-a-part-of-the-whole-called (aufgerufen am 18. März 2022).

jetzt, dass Nukleartechnologie auf allen anderen bewohnten Planeten in unserer Galaxis, der Milchstraße, illegal ist, weil sie ihre zerstörerische Kraft in der gesamten Raumzeit entfaltet. Die Menschen auf der Erde haben die Atombombe auch gar nicht selbst entwickelt. Die entsprechenden Informationen stammten von einer Gruppe Außerirdischer, den sogenannten Reptiloiden, sowie den Greys oder »Grauen«, geklonten Roboter-Sklaven. Sie gaben uns das technologische Wissen an die Hand, damit wir uns selbst vernichteten.

Laut Professor Einstein waren die Wissenschaftler der Nationalsozialisten in den 1930er Jahren damals auch nicht viel schlauer als die anderen Wissenschaftler auf der Erde. Der einzige Unterschied besteht darin, dass sie unglaublich große Unterstützung von den Greys und den Reptiloiden erhielten, die sich von negativen Emotionen ernähren, wie sie durch Krieg und Zerstörung entstehen.

• • •

Wir alle sind Seelen oder Lichtwesen, die in der dritten Dimension einen physischen Körper bewohnen. Wir alle tragen in uns den Funken des Schöpfers, des Höchsten Wesens, und können mit Geistwesen in den höheren Dimensionen kommunizieren. Ich als Medium begebe mich regelmäßig in die fünfte und höhere Dimensionen, um mit Geistwesen, Engeln und Verstorbenen zu sprechen. Als Professor Einstein zu mir kam, war ich darüber sehr glücklich. Er hatte mir viel zu erzählen, und mein erstes Gespräch mit ihm dauerte ungefähr zwei Stunden, in denen er mir viele wundervolle Botschaften weitergab. Es war das erste von zahlreichen großartigen Gesprächen mit ihm, die mein Leben veränderten.

# Die Bombe der Liebe

Wenn er dieses Leben noch einmal leben könnte, so teilte mir Professor Einstein mit, würde er ganz bestimmt nicht mehr an der Entwicklung der Atombombe mitwirken. Lieber würde er in einem Restaurant arbeiten oder bei seinem Beruf als Angestellter im Patentamt in der Schweiz bleiben, als an einer Technologie mitzuwirken, die ganz schnell zur Zerstörung des Planeten führen könnte. Nukleartechnologie ist viel zu destruktiv. Wie er sagte, kann daraus nichts Gutes entstehen. Er erkannte erst später, dass er statt einer Bombe der Zerstörung eine »Bombe der Liebe« hätte erschaffen sollen, wie er im folgenden wunderbaren Brief an seine Tochter[6] erklärte:

*»Als ich die Relativitätstheorie aufstellte, verstanden mich nur sehr wenige Menschen, und auch das, was ich dir jetzt enthüllen werde, um es der Menschheit zu übermitteln, wird auf Missverständnisse und Vorurteile in der Welt stoßen.*

*Ich bitte dich dennoch, dass du die Briefe, solange es nötig ist, beschützt – Jahre, Jahrzehnte, bis die Gesellschaft fortgeschritten genug ist, um das, was ich dir als Nächstes erklären werde, zu akzeptieren.*

*Es gibt eine extrem starke Kraft, für die die Wissenschaft bisher noch keine offizielle Erklärung gefunden hat. Es ist eine Kraft, die alle anderen in sich trägt und regelt. Sie steht hinter jedem Phänomen, das im Universum wirkt, und wurde von uns noch nicht identifiziert.*

*Diese universelle Kraft ist die LIEBE.*

6 Bild von Albert Einstein mit seiner Tochter: Archiv des Autors

*Bei ihrer Suche nach einer einheitlichen Theorie des Universums vergaßen die Wissenschaftler die unsichtbare und mächtigste aller Kräfte.*

*Liebe ist Licht, das denjenigen, der sie gibt und empfängt, erleuchtet. Liebe ist Schwerkraft, weil sie dazu führt, dass sich manche Menschen von anderen Menschen angezogen fühlen. Liebe ist Macht, weil sie das Beste, was wir haben, vermehrt, und nicht zulässt, dass die Menschheit durch ihren blinden Egoismus ausgelöscht wird. Liebe legt offen und enthüllt.*

*Wir leben und sterben für die Liebe. Liebe ist Gott, und Gott ist die Liebe. Diese Kraft erklärt alles und gibt dem Leben einen Sinn. Dies ist die Variable, die wir zu lange ignoriert haben, vielleicht, weil wir vor der Liebe Angst haben, weil es die einzige Macht im Universum ist, die der Mensch nicht gelernt hat, nach seinem Willen zu steuern.*

*Um die Liebe sichtbar zu machen, habe ich eine einfache Änderung an meiner berühmtesten Gleichung vorgenommen.*

*Wenn wir anstelle von E = mc2 akzeptieren, dass wir die Energie zur Heilung der Welt erhalten, indem wir die Liebe mit der Lichtgeschwindigkeit zum Quadrat multiplizieren, kommen wir zu dem Schluss, dass die Liebe die mächtigste Kraft ist, die es gibt, weil sie keine Grenzen hat.*

*Die Menschheit hat bei der Nutzung und Kontrolle der anderen Kräfte des Universums versagt. Diese haben sich gegen uns gewendet, und wir müssen uns nun dringend von einer anderen Art von Energie nähren.*

*Wenn wir das Überleben unserer Spezies sichern wollen, wenn wir einen Sinn im Leben finden und die Welt und alle fühlenden Wesen, die sie bewohnen, retten wollen, ist die Liebe die einzige Lösung.*

*Vielleicht sind wir noch nicht bereit, eine Bombe der Liebe zu bauen – ein Artefakt, das mächtig genug ist, all den Hass, die Selbstsucht und Gier, die den Planeten zugrunde richten, zu zerstören.*

*Doch jeder Einzelne trägt in sich einen kleinen, aber leistungsstarken Generator der Liebe, dessen Energie nur darauf wartet, freigesetzt zu werden.*

*Wenn wir lernen, diese universelle Energie zu geben und zu empfangen, werden wir bestätigt finden, dass die Liebe alles überwindet und fähig ist, alles zu transzendieren. Denn die Liebe ist die Quintessenz des Lebens.*

*Ich bedauere zutiefst, dass ich nicht dazu fähig war, das auszudrücken, was in meinem Herzen ist. Es hat mein ganzes Leben lang leise für dich geschlagen. Vielleicht ist es zu spät, mich zu entschuldigen. Da Zeit aber relativ ist, drängt es mich dazu, dir zu sagen, dass ich dich liebe und dass ich dank dir auch die letzte Antwort gefunden habe.«*[7]

Für Professor Einstein ist Liebe die mächtigste Kraft des Universums. Durch Liebe können wir diese Welt in einen wunderschönen, ganz und gar harmonischen Planeten verwandeln –

[7] https://suedreamwalker.wordpress.com/2015/04/15/a-letter-from-albert-einstein-to-his-daughter-about-the-universal-force-which-is-love/ (aufgerufen am 18. März 2022)

und in ein angemessenes, würdiges Zuhause für die großartigen Menschen, die zu werden wir bestimmt sind.

Er erzählte mir auch, dass er bereits zu Zeiten von Atlantis Wissenschaftler war. Damals, vor etwa 12.500 Jahren, wurde diese Zivilisation durch einen Atomkrieg ausgelöscht. Er und ich kannten einander, und wir versuchten beide, den »Wahnsinn« in jenen Tagen aufzuhalten, schafften es aber nicht. Doch diesmal wird es uns gelingen, auf dem Planeten eine Wende herbeizuführen! Laut Professor Einstein werden Erde und Menschheit eine Transformation erleben, die die Erde in einen wunderbaren und harmonischen Ort verwandeln wird.

Wie ich von Albert erfuhr, waren unsere beiden Seelen als Teil derselben Seelenfamilie miteinander verbunden, bevor er Ende des neunzehnten Jahrhunderts in einer Familie in der Schweiz reinkarnierte. Unsere Frisuren und auch unser Aussehen ähnelten sich. Er ging für seine wissenschaftliche Lebensaufgabe, die Erhöhung des Bewusstseins, in die Schweiz, und ich ging in die Vereinigten Staaten. Als er mit mir Kontakt aufnahm, erklärte er gleich, es sei die Zeit gekommen, diese Botschaften an die Menschheit weiterzugeben.

Zur Erreichung seines Ziels arbeitet er an einem »spirituellen Telefon«, einer Direktverbindung zu jedem Menschen, damit die Aufgestiegenen Meister und andere Freunde der Menschheit mit jedem auf der Erde in der dritten Dimension unmittelbar kommunizieren können. Dazu ist er auf der Suche nach spirituell gesinnten Wissenschaftlern und Ingenieuren, die mit ihm auf dieser Seite des Schleiers zusammenarbeiten und das Projekt im Laufe der nächsten Jahre gemeinsam realisieren können. Wissenschaftler und Ingenieure, die an diesem spirituellen Telefon mitarbeiten möchten, bitte ich, mit mir Kontakt aufzunehmen.

# 2

# Leonardo da Vinci

Während meiner ersten Unterhaltung mit Professor Einstein fragte er mich, ob ich seine Freunde kennenlernen wolle. Ich antwortete ihm, seine Freunde seien auch meine Freunde und dass ich sie sehr gerne kennenlernen würde. Daraufhin machte er mich als Erstes mit Leonardo da Vinci (1452-1519) bekannt, dem berühmten italienischen Erfinder im Italien des sechzehnten Jahrhunderts.[8]

Leonardo da Vinci ist ein faszinierender Mann, der seiner Zeit um viele Jahrhunderte voraus war. Wie Leonardo mir sagte, erlernte er vieles aus der noch weit entfernten Zukunft auf seinen Astralreisen und durch Fernwahrnehmung. Seine Zeichnungen von Flugmaschinen und weiteren fantastischen Objekten entstanden dank seiner Fähigkeit, durch die Zeit zu reisen. Maschinen wie Unterseeboote beruhten beispielsweise auf seiner Zeitreise ins zwanzigste Jahrhundert.

Er kann auch in unsere Zukunft sehen und teilte mir bei einem Channeling mit: »Die Menschheit und der Planet ge-

8 Bildquelle: Archiv des Autors

hen glücklichen Zeiten entgegen. Schon sehr bald wird allen Menschen Freie Energie zur Verfügung stehen. Unsere Weltwirtschaft wird sich im Laufe der nächsten fünf bis zehn Jahre aus dem Würgegriff der Ölkonzerne befreien, abhängig davon, welche Entscheidungen die Menschen in dieser kritischen Zeit der menschlichen Geschichte treffen werden.«

Auch heute noch ist Leonardo uns sehr eng verbunden und arbeitet mit Professor Einstein an gemeinsamen Projekten, unter anderem dem »spirituellen Telefon«. Laut seinen Channelings wird durch dieses ganz besondere »Telefon« die Kommunikation mit der anderen Seite des Schleiers tatsächlich genauso einfach werden wie ein Anruf hier auf der Erde.

## Gechannelte Aussagen zur aktuellen Lage

Wenn sich die Erde später in diesem Jahr, im Jahr 2022, in die vierte Dimension und Ende 2024/2025 in die fünfte Dimension verschiebt, werden die Menschen laut Leonardo immer mehr die Fähigkeit erlangen, mit geistigen Wesenheiten nicht nur zu sprechen, sondern sie auch zu sehen.

Der Grund dafür ist, dass wir uns alle in den höheren Dimensionen befinden werden, die wir so lange herbeigesehnt haben. Daher wird es dann relativ einfach sein, andere geistige Wesenheiten zu sehen und mit ihnen zu sprechen.

Er teilte mir noch mit, dass er sein prophetisches Wissen, das sich in seinem Lebenswerk zeigt, durch Astralreisen erlangte, die er nachts durchführte, wenn er im Beta- oder

Theta-Zustand schlief. Später im Leben konnte er auch tagsüber reisen, wenn er wach war oder im Alpha-Zustand. Er meditierte und machte ein kurzes Nickerchen, das ihn in die Zukunft brachte, wo er U-Boote und Flugzeuge sah. War er dann wieder zurück in seiner Welt, zeichnete er all die erstaunlichen Maschinen aus der Zukunft.

Er sagte mir auch, dass Menschen überhaupt nicht sterben, sie steigen nur in eine andere Dimension auf. In den höheren Dimensionen gäbe es keine Zeit wie bei uns in der dritten. Zehn Minuten könnten in der vierten oder fünften Dimension sechs Stunden bei uns sein.

Die Zeit, wie wir sie hier in der dritten Dimension auf dem Planeten Erde erleben, vergeht in den höheren Dimensionen viel langsamer. Sie ist nur ein Konstrukt.

Leonardo hat über fünfhundert Jahre darauf gewartet, dass wir die richtigen Entscheidungen treffen, damit wir endlich aufsteigen, und er ist so stolz auf uns, dass wir diesen Weg nun bewusst beschreiten.

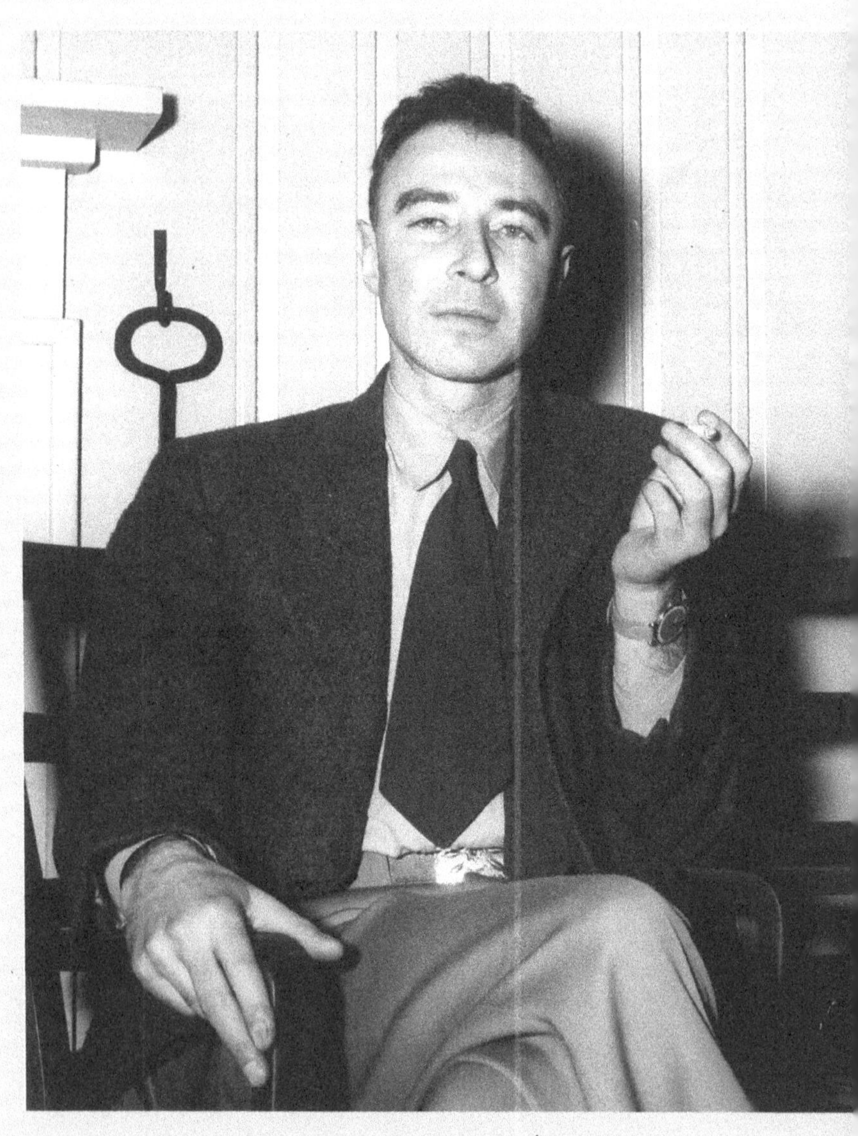

Robert Oppenheimer

# 3

# J. Robert Oppenheimer

Die zweite der verstorbenen Größen, mit denen mich Professor Einstein bekanntmachte, war J. Robert Oppenheimer.[9] Er ist eine besonders freundliche Seele, und ihm lag die Zukunft der Menschheit tatsächlich sehr am Herzen, auch wenn er während des Zweiten Weltkriegs an der Entwicklung der Atombombe in den Vereinigten Staaten beteiligt war.

Nachdem er am 16. Juli 1945 die erste Explosion einer Trinity-Atombombe in der Wüste von New Mexico miterlebt hatte, sagte Professor Oppenheimer: »Wir wussten, dass die Welt nie mehr dieselbe sein würde – manche Menschen lachten, manche weinten, die meisten waren verstummt. Mir kam dabei eine Zeile aus der Bhaghavad Gita, der heiligen Schrift der Hindus, in den Sinn«, sagte er. »Vishnu versucht den Prinzen davon zu überzeugen, seiner Pflicht nachzukommen,

---

9 Bildquelle: en.wikipedia.org/wiki/J._Robert_Oppenheimer#/media/File:J._Robert_Oppenheimer_at_the_Guest_Lodge,_Oak_Ridge,_in_1946_4.jpg

und nimmt, um ihn zu beeindrucken, seine vielarmige Form an – mit den Worten: ›Jetzt bin ich zum Tod geworden, zum Zerstörer der Welten …‹ Vermutlich haben wir alle genau das gedacht – auf die eine oder andere Weise …«[10]

Unmittelbar nach der Trinity-Explosion wurde Professor Oppenheimer schwer depressiv und bedauerte seine Mitarbeit an der Entwicklung und dem Einsatz der Atombombe ebenso wie Professor Einstein. Und wie Professor Einstein hat Professor Oppenheimer das Gefühl, als »Bauernopfer« benutzt worden zu sein. Jetzt arbeitet er auf der anderen Seite mit Professor Einstein, Leonardo da Vinci und anderen großen Seelen daran, uns bei der Erschaffung einer schöneren und friedlicheren Welt zu unterstützen.

Alle erleuchteten Zivilisationen im gesamten Universum haben Nukleartechnologie verboten, denn sie kann nur zu Tod und Zerstörung führen. Professor Einstein, Robert Oppenheimer und Leonardo da Vinci sagen, dass Freie Energie auf unserem Planeten schon lange verfügbar ist, die Ölkonzerne und andere Interessensgruppen das jedoch systematisch geheimhalten. Die gute Nachricht lautet: Es ist lediglich eine Frage der Zeit, bis die Technologien der Freien Energie allen Menschen zur Verfügung stehen.

---

10 Deutsche Übersetzung der Worte, die J. Robert Oppenheimer sichtlich erschüttert, als gebrochener Mensch, in diesem US-Video unmittelbar nach der Explosion spricht: https://youtu.be/dus_M4sn0_I (aufgerufen am 18. März 2022).

# Gechannelte Aussagen zur aktuellen Lage

Wie er mir im März 2022 mitteilte, bedauert J. Robert Oppenheimer sehr, dass Präsident Eisenhower das Angebot der Plejader und von Valiant Thor nicht angenommen hat, eine bessere Welt zu schaffen, indem er unsere Atomwaffen abschafft, wie in Kapitel 7 geschildert wird. Die Nukleartechnologie ist etwas, das uns gar nicht erst hätte gegeben werden dürfen, denn sie ist zerstörerisch und kann uns nur schaden.

Er sagte, dass es nicht mehr zu einem Atomkrieg kommen wird, weil sich die Zeitlinien geändert haben, auch wenn es manchmal vielleicht danach aussieht. Wir selbst hätten die Zeitlinien zum Guten verändert. Im späten zwanzigsten Jahrhundert befanden wir uns noch auf dem Weg in einen atomaren Dritten Weltkrieg. Doch die Menschheit erkannte kollektiv, dass wir alle gemeinsam einen friedlichen Planeten benötigen, wenn wir überleben wollen.

Als er an der Atombombe arbeitete, sagte mir J. Robert Oppenheimer, stieß er auf die Geschichte der Hopi-Indianer in Arizona über einen »prophetischen Stein«.

Der vor Tausenden von Jahren geschaffene Stein weist zwei Linien auf. Die eine Linie verläuft im Zickzack in einem 45-Grad-Winkel auf und ab und endet dann plötzlich – sie steht für das Ende der Menschheit, wenn wir weiter in Disharmonie leben. Die andere ist eine gerade Linie, die um den Felsen herum verläuft – sie steht für die Zukunft der Menschheit, wenn sie in Frieden und Harmonie lebt. Er sagte, wir alle entscheiden uns gerade dafür, in Frieden und Harmonie einen wundervollen und schönen Planeten zu erschaffen.

Nikola Tesla

# 4

# Nikola Tesla

Nach meinen Gesprächen mit diesen beiden großen Seelen machte mich Professor Einstein mit einem weiteren seiner Freunde, Nikola Tesla, bekannt – einem der größten Erfinder des neunzehnten und zwanzigsten Jahrhunderts, wie ich finde.[11]

Tesla wies uns den Weg zur Erzeugung von Freier Energie. Sein Traum war es, den gesamten Planeten mit kostenloser Energie zu versorgen, aber er verstarb im Januar 1943. Leider, so erzählte er mir, konnte er diesen Traum nicht verwirklichen. Er wurde von der Gier einiger sehr mächtiger Menschen aufgehalten, die danach trachteten, die Menschen für all ihre benötigte Energie bezahlen zu lassen.

Wie Nikola Tesla weiterhin sagt, wurde er in Wahrheit ermordet. Nach seinem Tod eignete sich die US-Regierung seine sämtlichen Entdeckungen und Informationen über Freie Energie an. Doch statt diese der Öffentlichkeit zur Verfügung zu stellen, machte sie später im Rahmen ihrer Geheimen Weltraumprogramme davon Gebrauch.

---

11 Bildquelle: https://de.wikipedia.org/wiki/Nikola_Tesla#/media/Datei:N.Tesla.JPG

Professor Einstein, Nikola Tesla und ich lebten vor 12.500 Jahren zur selben Zeit in Atlantis, als eine kleine Gruppe negativ gesinnter Menschen den Planeten mit Nukleartechnologie zerstörte. Wie Tesla berichtet, haben wir damals alle versucht, den Lauf der Geschichte zu verändern, schafften es aber nicht. Doch der Planet Erde ist für den Aufstieg bestimmt, und deshalb sind wir, wie er sagt, jetzt alle wieder hier, um das Bewusstsein auf der Erde zu erhöhen.

Interessanterweise weilen Tesla zufolge auch viele der negativen Kräfte aus dem damaligen Atlantis heute wieder unter uns, etwa George W. Bush der Ältere und der Jüngere sowie Dick Cheney. Sie waren damals an der flächendeckenden Zerstörung der Erde beteiligt und haben ihre Lektion nicht gelernt – jetzt sind sie wieder da und geben sich alle Mühe, den Planeten auszulöschen. Doch dieses Mal werden Teslas Worten zufolge die Kräfte des Lichts den Sieg davontragen – und der Planet wird aufsteigen!

Im Jahr 1899 führte Nikola Tesla ein faszinierendes Interview mit einem Journalisten namens John Smith, in dem er sagte: »Alles ist Licht.« Er schilderte ihm: »Ich wollte die ganze Erde erleuchten. Es gibt genug Elektrizität, um zu einer zweiten Sonne zu werden. Um den Äquator herum würde dann Licht scheinen, ähnlich einem Saturnring. Ich bin Teil des Lichts, und eigentlich ist es Musik. Das Licht erfüllt meine sechs Sinne. Ich sehe, höre, fühle, rieche und berühre es – ich denke es. Dieses Denken bildet meinen sechsten Sinn. Lichtpartikel sind geschriebene Noten. Ein Lichtblitz kann eine ganze Sonate sein. Tausend Lichtkugeln sind ein Konzert.«[12]

---

12 Hier und im Folgenden wird zitiert von https://www.steamgifts.com/discussion/WA4IN/teslas-sad-last-interview-im-a-defeated-man-i-wanted-to-illuminate-the-whole-earth (aufgerufen am 18. März 2022).

In diesem Interview kurz vor seinem Tod führt Tesla aus, dass der Herzschlag des Menschen doch wahrhaftig Teil einer so entstehenden kosmischen Sinfonie ist. Der Physiker Isaac Newton, erklärt er, »fand heraus, dass das Geheimnis in der geometrischen Anordnung und Bewegung von Himmelskörpern liegt. Er erkannte, dass im Universum das höchste Gesetz der Harmonie herrscht. Der gekrümmte Raum hingegen ist Chaos, und Chaos ist nicht Musik.«

Tesla sagt: »Hätte Einstein diese Klänge vernommen, hätte er nicht die Relativitätstheorie ersonnen. Diese Klänge sind Botschaften an den Geist, dass das Leben bedeutungsvoll ist, dass das Universum in perfekter Harmonie existiert und diese Schönheit die Ursache und die Wirkung der Schöpfung sind.« Er sagt: »Einstein ist der Botschafter der Zeit des Klangs und des Zorns.« Und er fügt hinzu, dass Einstein viele gute Dinge getan hat, »von denen manche zu einem Teil dieser Musik werden. Ich werde ihm schreiben und zu erklären versuchen, dass der Äther existiert und dass seine Teilchen das Universum in Harmonie halten und das Leben in der Ewigkeit.«

Nach Teslas fester Überzeugung sind wir alle eins und werden mit dem Aufstieg in die höheren Dimensionen erkennen, dass wir tatsächlich – ein jeder von uns – Teil eines wahrhaft herrlichen Universums sind.

Robert F Kennedy

# 5

# Senator Robert F. Kennedy

Kurz nachdem ich mich mit Robert Oppenheimer und Nikola Tesla unterhalten hatte, machte mich Professor Einstein mit Senator Robert F. »Bobby« Kennedy bekannt.[13] Ich freute mich sehr darüber, denn ich hegte für ihn und auch für seinen Bruder, Präsident John F. Kennedy, große Bewunderung und brachte ihnen sehr viel Respekt entgegen.

Bobby Kennedy sagte, er sei nicht von Sirhan Bishara Sirhan umgebracht worden – der wahre Mörder sei ein von der CIA bezahlter Killer namens Thane Eugene Cesar gewesen. Robert F. Kennedy wurde von einer Kugel getötet, die ihn aus nächster Nähe im Nacken traf. Cesar stand hinter Robert F. Kennedy, Sirhan dagegen vor ihm. Cesar sollte als Sicherheitsbeauftragter Robert F. Kennedy im Ambassador Hotel beschützen.

---

13 Das Foto zeigt Senator Kennedy 1964, vier Jahre bevor er im Ambassador Hotel in Los Angeles rücklings erschossen wurde. Bildquelle: https://de.wikipedia.org/wiki/Robert_F._Kennedy#/media/Datei:Robert_F._Kennedy_1964.jpeg

Laut Bobby Kennedy hatte tatsächlich die CIA seinen Mord geplant. Ihnen war klar, dass er die Untersuchungen zur Ermordung seines Bruders John F. Kennedy nach seiner Wahl zum Präsidenten sofort wieder aufgenommen hätte. Das wollte die CIA auf gar keinen Fall, denn diese Behörde war an der Planung des Mordes an John F. Kennedy beteiligt gewesen. Der CIA-Agent Thane Eugene Cesar, der Robert F. Kennedy erschoss, floh am Tag nach dem Mord auf die Philippinen. Dort lebte er von der hübschen Pension, die er von der US-Regierung als Belohnung für seine »Dienste« erhalten hatte, bis zu seinem Tod am 11. September 2019. Das Datum seines Todes (9/11) lässt vermuten, dass dabei etwas nicht mit rechten Dingen zuging. Das nachstehende Foto von Cesar in der Uniform eines Sicherheitsbeamten wurde 1968 aufgenommen.

Thane Eugene Caesar, security guard

Laut Bobby war Sirhan Bishara Sirhan, der von der CIA als sein Mörder ausgegeben wurde, in Wahrheit ein ferngesteuerter MK-Ultra-Roboter. Von 1953 bis in die 1970er Jahre forschte die CIA über Möglichkeiten der Bewusstseinskontrolle im Rahmen eines umfangreichen geheimen Programms namens MK Ultra. Bobby sagt, dass Sirhan von einer CIA-Agentin in einem weißen Kleid mit großen Tupfen, die bei Bobbys Ermordung ebenfalls anwesend war, seine Befehle erhielt. Sie flüsterte Sirhan ein Codewort ins Ohr, und das veranlasste ihn zu schießen. Ironischerweise wurde der Senator jedoch von keiner einzigen der von Sirhan abgefeuerten Kugeln getroffen. Jegliche Hinweise auf den wahren Mörder ließ die Polizei von Los Angeles auf Druck der CIA verschwinden.

Auch in dem Buch *Coup D'Etat in America: The CIA and the Assassination of John F. Kennedy* (Coup d'Etat in Amerika: Die CIA und die Ermordung von John F. Kennedy), das Michael Canfield zusammen mit Alan J. Weberman verfasste, steht zu lesen, dass die Kugel, die Bobby Kennedy tötete, aus allernächster Nähe hinter seinem Kopf abgefeuert wurde – und an dieser Stelle befand sich nur Thane Eugene Cesar. Wie die Autoren des Buches in einem Interview sagten, wurde die Autopsie von Robert F. Kennedy von Dr. Thomas Noguchi vorgenommen, dem damaligen Leiter der Rechtsmedizin des Los Angeles County. Auf die Frage nach dessen Schlussfolgerungen sagten die

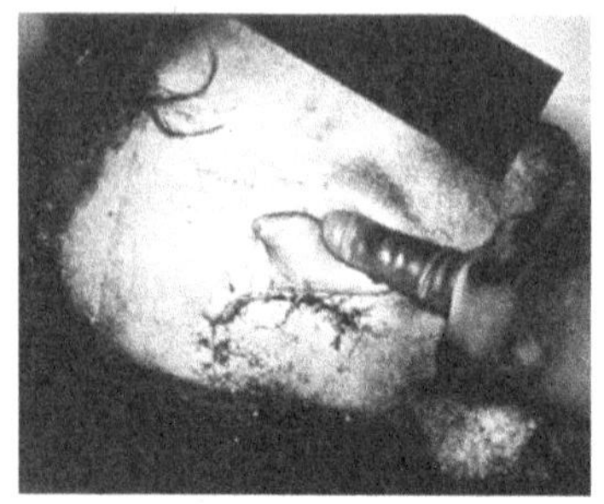

beiden Autoren: »Noguchis vorbildliche Autopsie zeigt, dass der tödliche Schuss aus nächster Nähe aufwärts und hinter [Bobby] Kennedy abgegeben wurde und unter seinem rechten Ohr eintrat.« Die Formulierung *aus nächster Nähe* definiert Noguchi folgendermaßen: »Wenn ich sage, ›aus nächster Nähe‹, dann sprechen wir hier von Kontakt oder einem halben bis einem Inch Entfernung« – also einem bis drei Zentimetern. Sirhan Sirhan stand immer vor Kennedy, nach verschiedenen Schätzungen zwischen einem und sechs Fuß entfernt – weniger als einen halben bis zwei Meter. Noguchis Autopsie zeigte außerdem auf, dass Kennedy noch zwei weitere Male von hinten getroffen wurde; ein vierter von hinten kommender Schuss durchschlug seine Anzugjacke, ohne ihn zu treffen. Noguchi wurde später wegen seiner angeblich unorthodoxen Vorgehensweise des Amtes enthoben.[14]

Sirhan, der offiziell als Robert F. Kennedys Mörder gilt, erinnert sich laut Forschern der Mary Farrell Foundation nicht an die Vorfälle zum Zeitpunkt der Ermordung im Ambassador Hotel in Los Angeles. Entsprechend sind inzwischen viele davon überzeugt, dass er ein manschurischer Kandidat war – einer, der tut, was andere sagen –, darauf programmiert, Robert F. Kennedy zu erschießen und sich dann nicht mehr daran zu erinnern, wer ihn dazu gebracht hatte. Er wurde im Hotel und auch in der Küche, in der der Mord stattfand, in Begleitung der besagten jungen Frau in einem Kleid mit großen Tupfen gesehen. Die

14 Die vollständige Auswertung des Interviews finden Sie auf www.thesleuthjournal.com/rfk-interview/ (aufgerufen am 18. März 2022).

Frau und einen männlichen Begleiter sah man nach den Schüssen aus der Küche laufen. Sandy Serrano, eine Wahlkampfhelferin von Robert F. Kennedy, die gerade auf einem Balkon Pause machte, sah sie aus dem Hotel rennen, wobei die Frau begeistert schrie: »Wir haben ihn erschossen. Wir haben ihn erschossen.« Als Serrano ihnen vom Balkon aus zurief, wen sie denn meine, antwortete die Frau: »Senator Kennedy.«

Die Forscher der Mary Farrell Foundation erklärten weiter: »Auch wenn es unglaublich klingt, wurde ihr Verhalten [das der Frau im Kleid mit den großen Tupfen] von Paul Sharaga, einem Polizisten der Polizei von Los Angeles, bestätigt. Die gleiche Aussage nahm er von einem älteren Ehepaar auf, das sie auf dem Parkplatz hinter dem Hotel gesehen hatte. Sharaga ließ daraufhin einen Steckbrief über die beiden Verdächtigen anfertigen, ein sogenanntes All-Points Bulletin (APB). Die meisten der befragten Zeugen beschrieben die davonlaufende junge Frau als eine Person mit schmutzig blondem Haar, gut gebaut, mit einer schiefen oder jedenfalls eigenartigen Nase und gekleidet in ein weißes Kleid mit blauen oder schwarzen großen Tupfen.« Darüber hinaus gab es noch viele andere Zeugen, die das Mädchen im Hotel gesehen hatten – und vor dem Anschlag auch woanders in Begleitung von Sirhan.[15]

Die Autoren des Buches *Coup D'Etat in America* schreiben außerdem: »Es war nicht sicher, dass Robert F. Kennedy nominiert werden würde, auch nach seinem Sieg in Kalifornien lag er noch hinter Hubert Humphrey. Aber durch seinen Sieg in Kalifornien und die dadurch gewonnene Dynamik stieg die Wahrscheinlichkeit für eine Nominierung. Humphreys Ruf

---

15 Den vollständigen Artikel finden Sie auf der Stiftungsseite https://www.maryferrell.org/pages/Robert_Kennedy_Assassination.html (aufgerufen am 18. März 2022).

war angeschlagen durch seine Position als Vizepräsident von Lyndon Johnson und seine Unterstützung des Vietnamkrieges – ganz im Gegensatz zu Robert F. Kennedy zu diesem Zeitpunkt. Der Sieg in Kalifornien war demnach das Zünglein an der Waage und der Grund für Robert F. Kennedys Ermordung. Eugene McCarthy war kein besonders starker Kandidat, obwohl er Robert F. Kennedy in Oregon geschlagen hatte – es war das erste Mal, dass ein Kennedy eine Wahl verloren hatte. Robert F. Kennedy wäre wahrscheinlich nominiert worden und hätte die allgemeinen Wahlen gewonnen. Der Krieg [in Vietnam] wäre beendet worden.

Sein Bruder hatte damit begonnen, den Krieg zu deeskalieren, wurde aber dann 1963 umgebracht. Der Militärisch-Industrielle Komplex musste beide Kennedy-Brüder loswerden, um weiter Krieg führen zu können.

Noam Chomskys Buch über John F. Kennedy und den Krieg behandelt John F. Kennedy eher ablehnend, stellt aber spannenderweise fest, dass die USA nach allgemeiner Überzeugung den Krieg verloren hätten. Diejenigen jedoch, die ihn unterstützten, hatten in gewissem Sinne ›gewonnen‹, weil sie damit so viel Geld gescheffelt haben. Die Amerikaner, die in diesem Krieg getötet wurden, waren ihnen völlig egal, und die Millionen Vietnamesen und Kambodschaner erst recht.«[16]

Nachdem Bobby Kennedy auf die andere Seite übergegangen war, hatte er vollen Zugang zum universalen Bewusstsein, und als er dort fragte, wer seinen Bruder, Präsident John F. Kennedy, denn nun wirklich auf dem Gewissen hatte, nannte man ihm die wahren Mörder. Dazu zählten:

---

16 Chomsky schrieb das Buch *Rethinking Camelot – JFK, the Vietnam War and U.S. Political Culture* (1999), zuletzt Haymarket Books 2015; zitiert nach http://www.thesleuthjournal.com/rfk-interview/ (aufgerufen am 18. März 2022).

**(a)** Die CIA, die vor Wut darüber schäumte, dass John F. Kennedy nicht in Kuba einmarschiert war.

**(b)** George Bush Senior, der laut Bobby aus einer Familie von »Nazis und Nazi-Sympathisanten« stammte – Bush arbeitete Bobby zufolge aktiv mit der CIA zusammen und war an der Planung des Mordes beteiligt.

**(c)** Vizepräsident Lyndon Baines Johnson, dem ein toter John F. Kennedy lieber war, damit er nicht weitere vier oder fünf Jahre warten müsste, um amerikanischer Präsident werden zu können. In Texas liefen zudem gerade Ermittlungen wegen Mordes gegen ihn und seine Verhaftung und die Anklageerhebung standen kurz bevor, als John F. Kennedy ermordet wurde. Als amerikanischer Präsident, der er in der Nachfolge Kennedys dann ja auch wurde, hätte er gemäß US-Verfassung strafrechtlich nicht mehr verfolgt werden können, und das wusste er.

**(d)** Alle der US-amerikanischen Notenbank (»Federal Reserve«) angeschlossenen Banken, die wütend darüber waren, dass John F. Kennedy damit begonnen hatte, staatseigene »Banknoten« auszugeben und damit diese Banken umging. Die US-Notenbank, ein privates Bankensystem, gibt seit ihrer Gründung im Jahr 1913 illegal Geld aus, was gemäß Artikel 7 der US-amerikanischen Verfassung legal nur dem US-Schatzamt zusteht. Wie Bobby sagt, ist das US-amerikanische Währungssystem betrügerisch und illegal. Am 4. Juni 1963 unterzeichnete John F. Kennedy ein präsidiales Dokument, Executive Order No. 11110, mit dem die US-Notenbank im Wesentlichen ihrer Vollmacht des verzinsten Geldverleihs an die US-amerikanische Regierung verlustig ging. Mit einem Federstrich erklärte Präsident Kennedy, dass die in Privatbesitz befindliche Notenbank demnächst aus dem Geschäft sei.[17]

---

17 Siehe https://rense.com/general76/jfkvs.htm (aufgerufen am 18. März 2022).

Die Zahl »1111« des präsidialen Dokuments wird als göttliche Zahl angesehen. Die sogenannte »Federal Reserve«, was wörtlich so viel wie »Währungsreserven des Bundes« bedeutet, ist weder eine Bundesbank noch hält sie Währungsreserven. Vielmehr ist sie im Privatbesitz der folgenden Banken und arbeitet wie ein Wirtschaftsunternehmen profitorientiert:

* Rothschild Bank London
* Rothschild Bank Berlin
* Lazard Brothers Paris
* Israel Moses Seif Banks, Italien
* Warburg Bank Amsterdam
* Warburg Bank Hamburg
* Lehman Brothers New York
* Kuhn Loeb Bank New York
* Goldman Sachs New York
* Chase Manhattan Bank New York[18]

Bobby behauptet, all diese Banken wären gemeinsam mit der CIA und der Mafia an der Ermordung seines Bruders beteiligt gewesen. Er zitiert Mayer Amschel Rothschild, der den Rothschild-Klan gründete: »Lasst uns das Geld einer Nation kontrollieren, dann ist es uns egal, wer die Gesetze macht.«[19]

**(e)** Israel wünschte sich John F. Kennedys Tod, weil Präsident Kennedy Israel aufgefordert hatte, den Bau einer Atom-

18 Siehe http://www.federalbudget.com/fed.html (aufgerufen am 18. März 2022).

19 Siehe https://history.stackexchange.com/questions/7887/did-rothschild-say-this-famous-quote-if-yes-what-did-he-mean-by-it (aufgerufen am 18. März 2022); vgl. auch G. Edward Griffin, *The Creature from Jekyll Island: A Second Look at the Federal Reserve* (Mai 1998). – Dt. Ausgabe: *Die Kreatur von Jekyll Island: Die US-Notenbank Federal Reserve*, Kopp Verlag, Rottenburg 2006.

bombe einzustellen. David Ben-Gurion, Israels Premierminister von November 1955 bis Juni 1963, ordnete die Ermordung an, unter anderem in Zusammenarbeit mit der CIA und der Mafia. Levi Eshkol, der von Juni 1963 bis 1969 Premierminister von Israel war, verfolgte diesen Befehl weiter. Israel fand, es stünde Präsident Kennedy nicht zu, sie am Bau einer Atombombe zu hindern. Um ihm Einhalt zu gebieten waren sie zu allem bereit – auch zur Mitwirkung an seiner Ermordung.

**(f)** Die Mafia, die wütend über den Verlust ihrer Casinos und Investitionen auf Kuba war. Sie machte John F. Kennedy Vorwürfe, dass er nicht in dieses Land einmarschierte, damit sie ihr Geld zurückbekämen. Die Mafia hegte auch einen großen Zorn gegen Bobby Kennedy wegen seines, wie sie es nannten, »doppelten Spiels«, mit dem er sie angeblich aufs Kreuz gelegt hatte. Die Mafia hatte nämlich die Wahl von John F. Kennedy unterstützt, doch Bobby, als Generalbundesanwalt der Kennedy-Regierung, war landesweit gegen das organisierte Verbrechen vorgegangen. Nach Meinung der Mafia hatte er sich damit auf unfaire Weise gegen sie gewandt.

Bobby sagt, drei Personen hätten auf seinen Bruder geschossen: einer von der französischen Mafia, der vom »Grashügel« aus feuerte, einer von der italienischen Mafia und ein weiterer Schütze, der unter einem Gullydeckel steckte und von dort aus auf John F. Kennedy schoss. Auch St. John Hunts Vater, der für die CIA arbeitete, war involviert.[20] Beide Mafia-Schützen wurden laut Bobby nach dem Anschlag schnellstens außer Landes gebracht und kehrten nach Frankreich und Italien zurück,

---

20 Siehe St. John Hunt, *Bond of Secrecy: My Life with CIA Spy and Watergate Conspirator E. Howard Hunt* (2012). – Keine deutsche Ausgabe.

wo sie noch viele Jahre lebten, bevor sie in den 1990er Jahren eines natürlichen Todes starben. Einer der Gründe für die Rücksichtslosigkeit der CIA – damals wie heute – besteht laut Bobby darin, dass diese Behörde seit ihrer Gründung nach dem Zweiten Weltkrieg unter der Leitung von Allen Dulles Tausende von Nazis und SS-Leuten beschäftigte. Dulles war selbst ein Nazi-Sympathisant und verehrte Adolf Hitler.

Nach meinem Gespräch mit Bobby Kennedy bat ich ihn, mich mit seinem Bruder, Präsident John F. Kennedy, in Kontakt zu bringen. »Klar«, meinte er nur. »Möchtest du gleich mit ihm reden? Er ist hier!« Ich sagte, es wäre mir eine große Ehre, und schon war er da. Seitdem bin ich ständig in Kontakt mit Präsident Kennedy. Er ist einer der vielen Gründe, warum ich dieses Buch schreibe. Präsident Kennedy lässt sich inzwischen gerne »Jack« oder »Professor Kennedy« nennen. Wie er sagt, besteht seine Aufgabe nun darin, das menschliche Bewusstsein zu erhöhen und die Menschen über die kommende, wunderschöne neue Erde in Kenntnis zu setzen. Seinem Gefühl nach ist der Titel »Präsident« mit den negativen Bildern seines Mordes assoziiert. Jack bemüht sich, der Menschheit beizubringen, wie sie ihre Schwingung erhöhen kann, damit die Menschen und der Planet den Aufstieg vollziehen können.

## Robert F. Kennedy jr. über den Mord an seinem Vater

Auch Robert F. Kennedy Junior, der Sohn des ermordeten Senators, ein Staatsanwalt, Umweltaktivist und White Hat, der sich gerade in dieser Zeit besonders für die Rechte der Kinder einsetzt, ist der Überzeugung: »Ich glaube, dass [Thane Eugene] Cesar meinen Vater getötet hat. Als er die Schüsse abgab, befand er sich genau in der Position, die laut Autopsie erforderlich gewesen ist. Drei Zeugen sahen, wie er seine Waffe zog – was er später auch zugab –, und eine Zeugin sagte, sie habe gesehen, wie er sie abfeuerte. Die Polizei von Los Angeles hat sich nie die Mühe gemacht, die Waffe zu untersuchen. Cesar, der in dieser Nacht einen Nebenjob zu seinem Hochsicherheitsjob im Lockheed-Werk ausübte, gab zu, dass er die Kennedys und ihre rassistischen Sympathisanten verabscheute.«[21]

Bobby Junior glaubt, dass Sirhan Sirhan seit über fünfzig Jahren unschuldig einsitzt – als Bauernopfer –, und setzt sich dafür ein, dass er freigelassen wird. Er verweist auf das 2018 erschienene Buch *A Lie Too Big to Fail* (Eine Lüge, zu groß, um zu scheitern). Darin behauptet die Forscherin Lisa Pease, Cesar habe sich in ihrem Interview selbst als »CIA-Auftragsagent« bezeichnet. Die CIA ist das Polizeiorgan des Deep State, des Tiefen Staates, gegen den dieser Tage weltweit vorgegangen wird. Sie sind in die meisten großen Verbrechen und Kriege verwickelt, die seit Gründung dieser Behörde direkt nach dem Zweiten Weltkrieg in den USA, im Nahen Osten und fast überall auf der Welt unsere Geschichte geprägt haben.

Wir sind jetzt in ein aufregendes neues Zeitalter eingetreten, in dem Wahrheit, Gerechtigkeit und Freiheit die Oberhand gewinnen. Die alten Wege des Krieges und der Konflikte haben ausgedient – die meisten Menschen wachen auf und wollen eine harmonische neue Erde erschaffen.

---

21 Siehe https://www.sfchronicle.com/opinion/openforum/article/Robert-F-Kennedy-Jr-Sirhan-Sirhan-didn-t-16686114.php (aufgerufen am 18. März 2022).

# 6

# Präsident John F. Kennedy

## berichtet über unsere großartige, wundervolle Zukunft

Laut Präsident Kennedy[22] »kontrollieren die Kräfte, die mein Leben am 22. November 1963 vorzeitig beendet haben, nach wie vor die Vereinigten Staaten und die Welt, aber ihre Macht nimmt ab – der Menschheit steht eine hell strahlende, glückliche Zukunft bevor! Als Bewohnern dieses Planeten ist es uns bestimmt, uns zu einer liebevollen, gütigen Gesellschaft zu entwickeln und ein harmonisches Leben zu führen. Es ist für uns alle die Zeit gekommen, die strahlende, schöne Zukunft zu erschaffen, die wir uns doch alle wünschen«.

---

22 Bildquelle: https://upload.wikimedia.org/wikipedia/commons/c/c3/John_F._Kennedy%2C_White_House_color_photo_portrait.jpg

In diesem Zusammenhang bat er mich auch, noch einmal ausdrücklich auf die berühmten Worte in seiner Amtsantrittsrede vom 21. Januar 1961 hinzuweisen: »... und deshalb, meine amerikanischen Mitbürger: Fragt nicht, was euer Land für euch tun kann – fragt, was ihr für euer Land tun könnt ... Meine Mitbürger in der ganzen Welt: Fragt nicht, was Amerika für euch tun wird, sondern fragt, was wir gemeinsam tun können für die Freiheit des Menschen.«

Inzwischen sind diese Worte wichtiger denn je – Jack würde sie heute etwa folgendermaßen formulieren: »Meine Mitbürger in der ganzen Welt: Fragt nicht, was Amerika für euch tun wird, sondern fragt, was wir gemeinsam tun können für die Freiheit aller Völker, um einen wunderschönen und friedlichen Planeten zu erschaffen.«

Laut Jack hatten wir eine Chance, bereits während seiner Präsidentschaft Anfang 1960 den wunderbaren Aufstieg in höhere Dimensionen zu vollziehen. Damals versuchte er die US-Notenbank abzuschaffen, die CIA in Schranken zu halten und auf die Sowjetunion zuzugehen, um in echter Zusammenarbeit ein gemeinsames Weltraumprogramm ins Leben zu rufen, statt einen konfliktreichen Wettstreit zu führen. Jetzt kehren eben diese Zyklen der 1950er und frühen 1960er Jahre wieder zurück, mit dem Unterschied, dass nun die Veränderungen hin zu einem besseren und glücklicheren Planeten von unten nach oben verlaufen und nicht mehr von oben nach unten – wie zu Zeiten John F. Kennedys.

Jack sagt auch, es ist unsere Bestimmung, zu viel besseren und glücklicheren Menschen zu werden, die in echtem Frieden und wahrer Harmonie leben.

Der gesamte Planet ist dabei, sehr schnell in die höheren Dimensionen aufzusteigen.

Laut Jack wurde der Mord an ihm als »Inside Job« ausgeführt von einer Allianz aus Lyndon Baines Johnson, J. Edgar Hoover, George Bush Senior, der CIA, den Privatbanken der Federal Reserve und der Mafia, wie sein Bruder Bobby erfuhr, als er auf die andere Seite hinüberging. Jack sagt, Lee Harvey Oswald wurde tatsächlich hereingelegt und als Sündenbock präsentiert. Doch die Nachricht von John F. Kennedys Ermordung wurde von der US-amerikanischen Botschaft in Auckland/Neuseeland versehentlich einen Tag zu früh bekanntgegeben.

Stellen Sie sich das vor: Sie veröffentlichten die vorbereitete Geschichte von Oswald als Mörder von Jack Kennedy noch vor dem eigentlichen Mord! Die US-Botschaft in Auckland wirkte an der Vertuschung mit, die Oswald als den Mörder hinstellte. Jack berichtet, die Botschaft sei von der »Geheimen Regierung«, wie er sie nennt, beauftragt worden, diese erfundene Pressemitteilung über seine Ermordung durch Oswald am 22. November 1963 um 12 Uhr 30 zu veröffentlichen. Allerdings wurde dabei vergessen, dass Auckland den Vereinigten Staaten zeitzonenmäßig voraus ist, und so wurde die Nachricht von seiner Ermordung in Neuseeland versehentlich einen Tag zu früh verbreitet.

Auckland ist der amerikanischen Westküste um achtzehn bis neunzehn Stunden voraus, und als die Nachricht von der Botschaft in Auckland bekanntgegeben wurde, war es in den USA rechnerisch noch der 21. November, also einen Tag vor dem Mord. In den 1960er Jahren gab es ohne Internet und Handys keine so schnellen Kommunikationsmöglichkeiten wie heute, und deshalb gelang es den Verschwörern der Geheimregierung bei all dem Durcheinander nach dem Anschlag, diesen erhellenden Umstand zu vertuschen. Damals hatten die Menschen auch viel mehr Vertrauen in ihre Regierungen und stellten nicht so viel in Frage, wie es heute glücklicherweise der Fall ist.

Hier ist der Aufmacher des *Christchurch Star*, in dem die Nachricht vom Anschlag einen Tag zu früh verbreitet wurde:

THE CHRISTCHURCH STAR

# KENNEDY SHOT DEAD

## Gunned Down During Drive Through Dallas

N.Z.P.A.-A.A.P.

DALLAS (Texas), November 22.

**PRESIDENT KENNEDY was assassinated to-day. The President was shot as he drove through this Texas city in an open car. The Governor of Texas (Mr John Connally) was seriously wounded. The President died at 7 a.m. Saturday, New Zealand time. After the burst of gun-fire cut down the President, he was rushed to Parkland Hospital, where blood transfusions were given.**

**Priests were summoned to his bed-side for the last rites of the Roman Catholic Church. The President was cradled in his wife's arms immediately after the shooting. Mrs Kennedy, who was unhurt, sobbed, "Oh, no," as the President slumped back with a shot in his head.**

The assassination took place near a three-highway intersection close to the business area of the city. Within seconds of the shooting, Mr Kennedy slumped over in the back seat of the car, face down. Mr Connally lay on the floor of the rear seat.

**Three bursts of gun-fire, apparently from automatic weapons, were heard.**

**Secret service men immediately unslung their automatic weapons and pistols.**

Traffic Jam

Badly Hurt

## ENLIGHTENED AND FIRM ACTION WAS HIS MARK

Später erklärte die Zeitungsredaktion, der Artikel habe Insiderwissen enthalten, »das von Verschwörern bereits vor dem Anschlag zusammengestellt, in den USA verteilt und nach dem Vorfall augenblicklich nach Neuseeland geschickt worden war. Dass die Hintergrundinformationen zu Oswald schon so bald verbreitet wurden, zeigt, dass es sich um eine von der CIA in Umlauf gebrachte Tarngeschichte gehandelt haben muss«.[23]

23 Die entsprechende Ausgabe des *Christchurch Star* mit dem von mir wiedergegebenen Aufmacher über das Attentat auf Bobby Kennedy kann eingesehen werden unter http://christchurchcitylibraries.com/Heritage/Newspapers/Star23Nov1963/output/page_01.asp (aufgerufen am 18. März 2022).

In dem Kinofilm *JFK – Tatort Dallas* kommt ein »Mr. X« vor, von dem Regisseur Oliver Stone später sagte, es handele sich um Air Force Colonel L. Fletcher Prouty (1917-2001). Prouty tat Dienst im Pentagon, und im Film wurde gezeigt, wie er von denjenigen, die den Mord geplant hatten, in die Antarktis geschickt und so aus der Schusslinie genommen wurde. Man sieht, wie Mr. X, dargestellt von Donald Sutherland, am Morgen des 23. November 1963 am Flughafen Christchurch ein Exemplar des *Christchurch Star* kauft.[24]

Auch Präsident Lyndon Baines Johnson war aktiv an der Ermordung beteiligt, denn, so Jack, er wollte mit seiner Präsidentschaftskandidatur nicht bis 1968 warten. Johnson hatte laut Jack bereits andere Morde begangen, und seine kriminelle Vergangenheit holte ihn ein. Im November 1963, als er bei der Ermordung von John F. Kennedy mithalf, stand seine Anklage wegen seiner Straftaten in Texas durch das FBI kurz bevor.

Johnson wusste, wie Jack bestätigt, dass er als amtierender Präsident gemäß der US-amerikanischen Verfassung vor einer solchen Strafverfolgung geschützt war. Johnson mit seinem kranken, durchgedrehten Verstand war klar, dass er Präsident Kennedy töten musste. Jack sagt außerdem, dass eben die Personen in der CIA (unter anderem George Bush Senior), die an seiner Ermordung beteiligt waren, auch für die Ermordung seines Bruders, Senator Robert F. Kennedy, verantwortlich waren, denn wenn Bobby gewählt worden wäre, hätte er den Mord an Jack vollumfänglich untersuchen lassen.

24 Näheres hierzu finden Sie auf https://my.christchurchcitylibraries.com/the-christchurch-star-23-november-1963/#ChristchurchStar (aufgerufen am 18. März 2022).

# Professor Kennedys Erklärung zur Neuen Erde

Laut Jack Kennedy ist für unseren Planeten der Aufstieg in höhere spirituelle Dimensionen schon seit einer ganzen Weile vorgesehen.

Wären damals im Jahr 1963 die richtigen Entscheidungen getroffen und wäre die Ermordung vereitelt worden, würden wir jetzt in einer ganz anderen Welt leben.

Die US-Notenbank wäre beispielsweise inzwischen als verfassungswidrige Organisation abgeschafft. Keine Privatbank, auch nicht die Notenbank, ist legal bevollmächtigt, US-Banknoten herauszugeben. John F. Kennedy nennt die gesamte Organisation der Notenbank einen »legalen Betrug«. Seit ihrer Gründung im Jahr 1913 verstößt die Notenbank gegen die US-amerikanische Verfassung.

Es gibt noch einen anderen US-Präsidenten, der sich gegen die großen Privatbanken stellte: Abraham Lincoln (1809-1865). Laut Jack ging Lincolns Ermordung genauso wie der Mord an Jack auf das Konto der Privatbanken. So etwas wie einen »Einzeltäter« Oswald hätte es nicht gegeben. Von seiner Perspektive auf der anderen Seite aus betrachtet gibt es nichts als die Wahrheit. Als Seelenwesen hat Jack nun Zugang zur »universalen Wahrheit«, wie er es nennt.

Er sieht ganz klar, was in Wahrheit bei seiner Ermordung abgelaufen ist. Allen Dulles, der Gründer und von 1951 bis 1961 auch Direktor der CIA, war der Anführer der Verschwörer, die seine Ermordung planten und ausführten. Lyndon Baines Johnson ernannte Dulles zu einem Mitglied der Warren Commission, die angeblich Jacks wahre Mörder ausfindig machen sollte – das ist wirklich so etwas wie »den Bock zum Gärtner machen«.

Jack sagt weiterhin: »Willst du jemanden ermorden und das Ganze vertuschen, dann mach das in einer Stadt wie Dallas oder Los Angeles, denn die Polizeibehörden dort sind seit Jahrzehnten korrupt.« So konnte auch der Mord an seinem Bruder, Senator Robert F. Kennedy, 1968 in Los Angeles mühelos vertuscht werden.

Meiner Meinung nach war Jack Kennedy einer der größten Präsidenten, den die Vereinigten Staaten je hatten. Er tat, was er für das Land für richtig hielt. Anders als viele unserer heutigen Politiker sprach er die Wahrheit und war aufrichtig. Ich denke, er war der letzte frei gewählte Präsident der Vereinigten Staaten.

Jack wusste bei seiner »Secret Societies Speech«, seiner Rede über Geheimgesellschaften, gegen wen er da anging. Er möchte, dass ich ein paar Abschnitte aus der Rede, die auch heute noch von Belang sind, in dieses Buch mit aufnehme.

Das Folgende ist Teil der Secret Societies Speech von Jack Kennedy, die er am 27. April 1961 vor der American Newspaper Publishers Association hielt, der Vereinigung amerikanischer Zeitungsverleger:

> »Schon das Wort Geheimhaltung widerspricht dem Prinzip einer freien und offenen Gesellschaft. Und wir als Volk haben von Natur aus auch aus historischer Sicht eine Abneigung gegen Geheimgesellschaften und Geheimbünde, geheime Schwüre und Geheimverhandlungen. Wir entschieden schon vor langer Zeit, dass die Gefahren maßloser, ungerechtfertigter Geheimhaltung sachdienlicher Fakten die Gefahren bei Weitem überwiegen, mit denen die Geheimhaltung gerecht-

fertigt wird. Selbst heute hat es wenig Wert, den Gefahren, die von einer abgeschotteten Gesellschaft ausgehen, zu begegnen, indem man die gleichen willkürlichen Beschränkungen nachahmt. Selbst heute hat es wenig Wert, das Überleben unserer Nation zu sichern, wenn unsere Traditionen nicht ebenfalls fortbestehen. Es besteht die äußerst große Gefahr, dass der Vorwand der Sicherheit von denjenigen, die die Bedeutung von Sicherheit bis zum Äußersten strapazieren und ausdehnen wollen, zur öffentlichen Zensur und Geheimhaltung missbraucht wird. Soweit es in meiner Macht steht, werde ich das nicht zulassen. Und kein Beamter meiner Regierung, sei er von hohem oder niedrigem Rang, Zivilist oder vom Militär, sollte meine heute Abend hier gesprochenen Worte als Ausrede verwenden, die Nachrichten zu zensieren, abweichende Meinungen im Keim zu ersticken, unsere Fehler zu vertuschen oder der Presse und der Öffentlichkeit Fakten vorzuenthalten, die sie erfahren sollten. (...)

Denn wir sehen uns rund um den Globus mit einer einzigen großen, skrupellosen Verschwörung konfrontiert, deren Beteiligte gezielt geheime Mittel einsetzen, um ihren Einflussbereich auszuweiten – durch Infiltration statt Invasion, durch Umsturz statt Wahlen, durch Einschüchterung statt Selbstbestimmung, mit Guerillakämpfern bei Nacht statt Armeen am Tag. Es ist ein System, das mit gewaltigen menschlichen und materiellen Ressourcen eine komplexe und höchst effiziente Maschinerie aufgebaut hat, die militärische, diplomatische, geheimdienstliche, wirtschaftliche, wissenschaftliche und politische Operationen durchführt. Diese Vorbereitungen werden nicht öffentlich, sondern im Geheimen getroffen. Ihre Fehler werden nicht publiziert, sondern vertuscht, Andersdenkende werden nicht belobigt, sondern zum Schweigen gebracht,

Kosten werden keinesfalls in Frage gestellt, kein Gerücht wird gedruckt, kein Geheimnis aufgedeckt. (...)

Kein Präsident sollte die öffentliche Überprüfung seines Regierungsprogramms fürchten, denn aus dieser Prüfung erwächst Verstehen und aus diesem Verständnis heraus entstehen Unterstützung oder Opposition. Und beides ist notwendig. Ich bitte Ihre Zeitungen nicht, meine Regierung zu unterstützen, aber ich bitte Sie um Ihre Mithilfe bei der enormen Aufgabe, das amerikanische Volk zu informieren und zu warnen. Denn ich habe vollstes Vertrauen in die Reaktion und das Engagement unserer Bürger, wenn sie erst einmal über alles uneingeschränkt informiert sind.

Ich könnte Kontroversen unter Ihren Lesern nicht nur nicht ersticken, ich begrüße sie sogar. Meine Regierung wird auch offen zu ihren Fehlern stehen, denn wie ein weiser Mann einst sagte: ›Irrtümer werden erst zu Fehlern, wenn man sich weigert, sie zu korrigieren.‹ Wir wollen die volle Verantwortung für unsere Fehler übernehmen und erwarten, dass Sie sie aufzeigen, wenn wir sie nicht sehen.

Ohne Debatten und Kritik kann keine Regierung und kein Land erfolgreich sein – und keine Republik überleben. Deshalb verfügte Solon, einer der Gesetzgeber des alten Athens, dass es ein Verbrechen für jeden Bürger sei, vor Meinungsverschiedenheiten zurückzuweichen. Und genau deshalb wurde unsere Presse durch den Ersten Verfassungszusatz geschützt – der einzige Geschäftsbereich in Amerika, der speziell durch die Verfassung geschützt wird. Dies geschah nicht in erster Linie, um zu erheitern und zu unterhalten – nicht, um das Triviale oder Sentimentale hervorzuheben, und nicht, um einfach ›der Öffentlichkeit alles zu geben, was sie will‹. Dies geschah, um über Gefahren und Möglichkeiten zu informieren, um aufzurütteln und zu reflektieren, auf unsere Krisen hinzuweisen und unsere Chancen aufzuzeigen, manchmal sogar, um die öffentliche Meinung zu führen, zu formen, zu bilden, zu erzürnen.

Das bedeutet umfangreichere Berichterstattung und Analyse von internationalen Vorfällen, die nicht länger weit weg und fremd, sondern ganz nah vor unserer Haustür sind. Das bedeutet mehr Aufmerksamkeit und besseres Verständnis der Nachrichten sowie eine verbesserte Berichterstattung. Und es bedeutet letztlich, dass die Regierung auf allen Ebenen ihre Verpflichtungen erfüllen muss, Sie – außerhalb der äußerst eng gesteckten Grenzen der nationalen Sicherheit – so umfassend wie möglich zu informieren. (...)

Und so suchen wir vertrauensvoll bei Ihnen, der Presse – derjenigen, die die Taten der Menschen aufzeichnet, als ihr Gewissen dient und ihr Nachrichtenbote ist –, Stärke und Unterstützung, damit mit Ihrer Hilfe der Mensch zu dem werde, wozu er geboren wurde: frei und unabhängig.«[25]

Jack sagt, in den USA fand 1963 ein Staatsstreich statt. Der Staatsstreich ersetzte einen in freien Wahlen gewählten Präsidenten (John F. Kennedy) durch einen nicht gewählten Präsidenten (Lyndon Baines Johnson). Von diesem Zeitpunkt an hatte das Land ständig mit Problemen zu kämpfen, denn die USA werden seitdem von einer negativ gesinnten Geheimgesellschaft kontrolliert. Die monolithische und ruchlose Verschwörung, die die Welt 1961 bedrohte, ist auch heute noch äußerst lebendig, wie sich Tag für Tag auf Neue zeigt. Andersdenkende

25 Den vollen Wortlaut der Rede finden Sie auf Englisch unter https://www.jfklibrary.org/archives/other-resources/john-f-kennedy-speeches/american-newspaper-publishers-association-19610427 (aufgerufen am 22. März 2022).

werden nicht belobigt, sondern zum Schweigen gebracht. Keine Kosten werden je in Frage gestellt, keine Gerüchte je gedruckt und keine Geheimnisse je aufgedeckt.

»Ohne Debatten und Kritik kann keine Regierung und kein Land erfolgreich sein – und keine Republik überleben. Deshalb verfügte Solon, einer der Gesetzgeber des alten Athens, dass es ein Verbrechen für jeden Bürger sei, vor Meinungsverschiedenheiten zurückzuweichen.« Das betont Jack und fügt hinzu, dass die Menschen auf der bevorstehenden, neuen Erde das sein werden, wozu sie geboren wurden: *frei und unabhängig.*

Für Jack sind seine damaligen Worte heute noch genauso wichtig wie 1961, als er diese tiefgründige Rede hielt. Er betont: Schon das Wort Geheimhaltung widerspricht dem Prinzip einer freien und offenen Gesellschaft. Und wir als Volk haben von Natur aus und auch aus historischer Sicht eine Abneigung gegen Geheimgesellschaften und Geheimbünde, geheime Schwüre und Geheimverhandlungen.

Leider besitzen und kontrollieren im heutigen Amerika gerade einmal sechs Unternehmen gemeinsam über neunzig Prozent der Massenmedien. Und wie sagte Lord Acton, der englische Historiker und Publizist, bereits 1887: »Macht korrumpiert, und absolute Macht korrumpiert absolut.«

Angesichts dieser konzentrierten Macht über die Massenmedien in den Vereinigten Staaten sind die Medien, so Jack, komplett korrupt.

Nach diesem Gespräch bat ich Jack, mit Präsident Eisenhower sprechen zu dürfen. Er antwortete: »Ja, natürlich!«, und stellte sofort den Kontakt mit Ike her.

Dwight D. Eisenhower

# 7

# Präsident Eisenhower

Der US-amerikanische Präsident Dwight D. Eisenhower – auch »Ike« genannt[26] –, war ein ehrbarer Mann, der für Amerika und die Welt das Richtige tun wollte. Als er am 4. November 1952 zum Präsidenten gewählt wurde, hatten die USA gerade erst den Zweiten Weltkrieg hinter sich gelassen. Die USA und die ganze Welt standen vor vielen Herausforderungen. 1953, nur wenige Monate nach seiner ersten Wahl, traf Präsident Eisenhower sich mit einer Gruppe uns wohlgesinnter, hoch entwickelter Menschen vom Sternbild der Plejaden. Sie boten den USA spirituelle und technologische Hilfe an, forderten jedoch auch die Abschaffung aller Nuklearwaffen. Eisenhower mochte die Plejader, aber er lehnte ihr Angebot ab, weil sich die Vereinigten Staaten im Kalten Krieg mit der Sowjetunion befanden und er das Gefühl hatte, die USA würden diese Waffen benötigen.

---

26 Bildquelle: https://de.wikipedia.org/wiki/Dwight_D._Eisenhower#/media/Datei:Dwight_D._Eisenhower,_official_photo_portrait,_May_29,_1959.jpg

Innerhalb von sechs Monaten nach dem Treffen mit den Plejadern nahmen die zutiefst bösen Reptiloiden und die Greys – auch Graue genannt – mit Präsident Eisenhower Kontakt auf und führten eine persönliche Begegnung im März 1954 auf der Edwards Air Force Base in Südkalifornien herbei. Die Presse glaubte, er hätte einen »Zahnarzttermin«.

Als das UFO der Reptiloiden/Greys am Ende der Landebahn auf dem Luftwaffenstützpunkt Edwards landete, begannen die Gespräche zwischen Präsident Eisenhower und dem Botschafter der Reptiloiden. Der reptiloide Außerirdische bot Eisenhower hochentwickelte Technologie für den Kampf gegen die Sowjetunion an. Im Austausch dafür verlangten sie für sich und die ihnen untertane Sklaven-Spezies (die roboterhaften Greys) das Recht, Menschen entführen und studieren zu dürfen. Das Angebot beinhaltete eine Zustimmung der Reptiloiden, der US-Regierung eine Liste der entführten Personen zu überlassen, und deren Versicherung, dass die Entführten »unverletzt« zurückgebracht werden würden.

Anders als bei den Plejadern mochte Präsident Eisenhower die Reptiloiden und die Greys nicht. Zunächst lehnte er ihr Angebot ab. Daraufhin sagte der Botschafter, wenn Eisenhower die Vereinbarung nicht unterzeichne, würden sie ihre Technologien der Sowjetunion anbieten, die dann zur Hauptmacht auf der Erde aufsteigen würde. Widerstrebend ließ sich Präsident Eisenhower daraufhin auf diesen Deal ein, und das bestimmt die Geschichte der Menschheit bis heute.

Ike sagt, während des Treffens hätten die Reptiloiden mit entsprechenden Geräten seine Gedanken kontrolliert, damit er die Vereinbarung unterzeichnete. Erst im Nachhinein fand Präsident Eisenhower heraus, dass die Reptiloiden mit den Sowjets genau dieselbe Abmachung aushandelten und vereinbarten.

Natürlich war seine Vereinbarung komplett ungesetzlich, denn sie wurde nie vom US-Kongress ratifiziert – und die Öffentlichkeit erfuhr niemals etwas davon.

Wie Präsident Eisenhower mir erzählte, war dies definitiv die schlechteste Entscheidung seines Lebens, die er seitdem immer bedauert hat. Er hätte, wie er meint, erkennen müssen, dass die Beziehungen zwischen den beiden Ländern sich irgendwann bessern würden und es keinen Kalten Krieg mehr gäbe, weshalb auch keine solche Vereinbarung nötig gewesen wäre.

Jack Kennedy sagte, Präsident Eisenhower hätte ihm von der Vereinbarung erzählt. Laut Eisenhower wurde sie als Vertrag von Greada bezeichnet[27] und mit den Reptiloiden und Greys abgeschlossen, denen darin die Erlaubnis erteilt wurde, im Austausch für deren hochentwickelte Technologie zum Kampf gegen die Sowjets Menschen zu entführen.

Für Präsident Eisenhower war es die schlechteste Entscheidung seines ganzen Lebens und er warnte John F. Kennedy davor, dass das Weiße Haus bei den geheimen außerirdischen US-amerikanischen Militärbasen in Nevada überhaupt keine Rolle mehr spiele. Die betreffende Technologie wurde dem US-Militär auf diesen geheimen Stützpunkten übergeben. Doch wie Präsident Eisenhower erklärte, hatte er keinerlei Kontrolle über die Basen und – was noch schlimmer war – Teile dieser Basen standen nicht einmal unter menschlicher Kontrolle!

Als Präsident Eisenhower beispielsweise 1959 versuchte, einen Vertreter seines Büros in die militärischen Sperrgebiete S4

---

27 Vgl. Salla, »Eisenhower's 1954 … Meeting With Extraterrestrials – The Fiftieth Anniversary of First Contact?« auf https://www.bibliotecapleyades.net/exopolitica/esp_exopolitics_Q_0.htm. – Über diese Begegnung zwischen Eisenhower und den Greys berichtet Michael E. Salla ausführlich in seinem Buch *Die Geheime Geschichte der U.S. Space Force*, AMRA Verlag, Hanau 2021.

und Area 51 in Nevada zu schicken, um herauszufinden, was da vor sich ging, wurde seinem Abgesandten der Zutritt verweigert. Erst als er damit drohte, die Sixth Army Group, die sechste Heeresgruppe, aus Denver zu schicken, erlaubten die CIA, das US-Militär und die Reptiloiden, die den geheimen Stützpunkt in Nevada betrieben, seinem Abgesandten den Zutritt.

Doch jetzt möchte Präsident Eisenhower die Welt über diese Entscheidung in Kenntnis setzen, weil er dem ein Ende setzen will! Amerika und die Welt haben genug gelitten.

All die Negativität und ständigen Kriege wurden von den Reptiloiden und ihrer Sklavenspezies gefördert und in die Wege geleitet. Sowohl Präsident Eisenhower als auch Jack und Bobby Kennedy sagen, es sei für die gesamte Menschheit jetzt der Zeitpunkt gekommen, diese negativen Kreaturen loszuwerden und sich von ihrem Einfluss zu befreien!

## Valiant Thor

Nach dem Abkommen mit den Reptiloiden im Jahr 1954 traf Präsident Eisenhower – wie er mir erzählte – noch ein weiteres Mal auf Außerirdische und erhielt eine zweite Chance. Drei Jahre später, im Jahr 1957, begegnete ihm Valiant Thor, ein Repräsentant der Galaktischen Allianz.

Er war eine positiv gesinnte Wesenheit und bot spirituelle und technologische Hilfe an. Auch wollte er uns dabei unterstützen, die Reptiloiden und die Greys wieder loszuwerden.

Dieses Mal war Präsident Eisenhower für ein solches Abkommen, aber Richard Nixon und sämtliche Stabschefs waren dagegen, weil Valiant Thor uns keine Waffen anbot.

Valiant Thor wollte uns auch helfen, die Krankheiten auf unserem Planeten auszurotten und die Erde mit kostenloser Energie zu versorgen. Doch vor allem Nixon wollte das nicht – er hatte in der US-amerikanischen Pharmaindustrie und in amerikanischen medizinischen Einrichtungen viele Freunde und befürchtete, sie würden alle ihre Arbeitsplätze verlieren, wenn es auf der Erde keinerlei Krankheiten mehr gab.

Im Jahr 2013 drehte Craig Compobasso einen wunderbaren Film mit dem Titel *Stranger at the Pentagon*,[28] der den Besuch von Valiant Thor 1957 im Weißen Hause dokumentierte. Valiant Thor wurde sogar im Weißen Haus einquartiert und lebte dort während der nächsten drei Jahre bis 1960, als John F. Kennedy gewählt wurde. Nachfolgendes Bild[29] zeigt Valiant Thor (links) Ende der 1950er Jahre:

28 Nähere Angaben zu dem Film finden Sie auf http://www.imdb.com/title/tt2645374/ (aufgerufen am 18. März 2022).

29 Bildquelle: http://www.ufosightingsdaily.com/2012/02/president-eisenhower-had-three-secret.html

# Präsident Eisenhowers Rede über den Militärisch-Industriellen Komplex

Wegen der Vereinbarung mit den Reptiloiden und den Greys hielt Präsident Eisenhower 1959 seine berühmte Rede, in der er vor den Gefahren des Militärisch-Industriellen Komplexes der Vereinigten Staaten warnte.

Die Schlüsselaussage dabei lautete:

> »Doch selbst wenn wir wissenschaftlichen Forschungen und Entdeckungen mit Respekt begegnen, wie wir es auch sollten, müssen wir wachsam sein hinsichtlich der gleichermaßen gegebenen gegenteiligen Gefahr, dass die öffentliche Ordnung selbst zum Gefangenen einer wissenschaftlich-technologischen Elite werden könnte.«

Im Folgenden finden Sie die wesentlichen Abschnitte seiner bedeutsamen und tiefgründigen Rede, in der er uns vor den Gefahren des Militärisch-Industriellen Komplexes warnte. Auf seinen Wunsch hin stelle ich sie an dieser Stelle vor:

> »Wir befinden uns jetzt zehn Jahre nach der Mitte eines Jahrhunderts, das vier große Kriege zwischen großen Nationen erlebt hat. An drei dieser Kriege war unsere eigene Nation beteiligt. Ungeachtet dieser Weltenbrände steht Amerika heute als stärkste, einflussreichste und produktivste Nation der Welt da. Wir sind verständlicherweise stolz auf diese Vormachtstellung. Inzwischen erkennen wir jedoch auch, dass Amerikas

Führungsrolle und Ansehen nicht nur von unserem unangefochtenen materiellen Fortschritt, den Reichtümern und von militärischer Stärke abhängt, sondern auch davon, wie wir unsere Macht einsetzen für die Interessen des Weltfriedens und eine bessere Zukunft der Menschheit.

Seit in Amerika freie Regierungen gewählt werden, ist es unser Ziel, den Frieden zu bewahren, den Fortschritt des Menschen zu unterstützen und unter den Völkern und Nationen Freiheit, Würde und Integrität zu fördern. Sich für weniger einzusetzen wäre eines freien und religiösen Volkes unwürdig. Jedes auf Überheblichkeit oder Mangel an Verständnis und Opferbereitschaft zurückzuführende Versagen würde uns hier in Amerika wie auch im Ausland schmerzliche Wunden zufügen.

Der Fortschritt in Richtung auf diese edlen Ziele ist ständig gefährdet durch den Konflikt, der jetzt die Welt im Griff hat. Er erfordert unsere uneingeschränkte Aufmerksamkeit und nimmt uns voll und ganz in Beschlag. Wir stehen einer feindseligen Weltanschauung gegenüber, auf weltweiter Ebene, atheistisch in ihrer Prägung, skrupellos in der Durchsetzung ihrer Ziele und heimtückisch in ihrem Vorgehen. Unseligerweise ist die Gefahr, die auf uns lauert, wohl von unbegrenzter Dauer. Dieser erfolgreich zu begegnen, erfordert nicht so sehr die emotionalen und vorübergehenden Opfer einer Krise, sondern vielmehr solche Opfer, die uns befähigen, stetig, bestimmt und klaglos die Bürden eines längeren und vielschichtigen Kampfes zu ertragen – denn auf dem Spiel steht die Freiheit. Nur so können wir auf unserem geplanten Kurs bleiben und ungeachtet aller Provokationen unseren Weg fortsetzen hin zu fortwährendem Frieden und einer besseren Zukunft der Menschen. (…)

Im Laufe vieler Jahre hat sich erwiesen, dass unser Volk und seine Regierung im Großen und Ganzen diese Wahrheiten verstanden und angesichts von Bedrohungen und Spannungen gut darauf reagiert haben. Doch es entstehen ständig Bedrohungen, deren Art und Ausmaß etwas Neues sind. Nur zwei davon möchte ich erwähnen.

Ein wesentliches Element zur Erhaltung des Friedens ist unser Militär. Wir brauchen mächtige Waffen, die sofort einsatzbereit sind, so dass kein potenzieller Angreifer auch nur in Versuchung gerät, seine eigene Zerstörung zu riskieren.

Unsere heutige Militärorganisation hat kaum noch Ähnlichkeit mit dem Militär, wie es meine Vorgänger in Friedenszeiten oder auch jene Männer kannten, die im Zweiten Weltkrieg oder in Korea kämpften.

Noch bis zum Zweiten Weltkrieg gab es in den USA keine Rüstungsindustrie. Amerikanische Hersteller von Pflugscharen konnten nach Bedarf auch Schwerter herstellen. Doch inzwischen können wir das Risiko einer improvisierten nationalen Verteidigung im Notfall nicht mehr eingehen. Wir wurden dazu gezwungen, eine riesige permanente Rüstungsindustrie aufzubauen. Dazu kommen dreieinhalb Millionen Männer und Frauen, die direkt im Verteidigungssektor beschäftigt sind. Wir geben jährlich nur für die militärische Sicherheit mehr Geld aus, als alle US-amerikanischen Konzerne zusammen an Nettoerträgen erwirtschaften.

Diese Verbindung eines gewaltigen Militärapparats und einer großen Rüstungsindustrie ist für Amerika etwas Neues. Der Gesamteinfluss auf ökonomischer, politischer und auch spiritueller Ebene ist in jeder Stadt, in jedem Parlamentsgebäude und jeder Behörde der Bundesregierung zu spüren. Wir erkennen die Notwendigkeit dieser Entwicklung an, aber wir müssen auch die gravierenden Folgen verstehen. Es betrifft all unsere Mühen, Ressourcen und unsere Lebensgrundlage sowie die Grundstrukturen unserer Gesellschaft.

Wir müssen uns gegen die unbefugte, gewünschte wie auch ungebetene, Einmischung des Militärisch-Industriellen Komplexes in unsere Regierungsgremien schützen. Die Möglichkeit eines desaströsen Aufstiegs fehlgeleiteter Macht besteht und wird auch fortbestehen.

Wir dürfen niemals zulassen, dass die Macht dieser Kombination unsere Freiheiten und die demokratischen Prozesse gefährdet. Wir sollten nichts als selbstverständlich hinnehmen. Nur wachsame und informierte Bürger können erzwingen, dass die riesige industrielle und militärische Verteidigungsmaschinerie mit unseren friedlichen Methoden und Zielen auf angemessene Weise zusammenwirkt, so dass Sicherheit und Freiheit gemeinsam gedeihen können.«[30]

Aus diesem Grund – so Jack Kennedy und Präsident Eisenhower – haben sie mir ihre Botschaften für dieses Buch übermittelt. Sie sagen, das amerikanische Volk und die ganze Welt müssen erfahren, dass sie auf der anderen Seite nach wie vor sehr lebendig sind – sie möchten, dass die Menschheit aufwacht!

Präsident Eisenhower stellt es wie folgt dar:

»Wir sollten nichts als selbstverständlich hinnehmen. Nur wachsame und informierte Bürger können erzwingen, dass

---

30 Eisenhowers vollständige Rede steht im Original auf http://whowhatwhy.org/2016/01/17/he-told-us-so-president-eisenhowers-military-industrial-complex-speech/. Dort finden Sie auch ein Video der amerikanischen TV-Ausstrahlung vom 17. Januar 1961 (aufgerufen am 18. März 2022).

die riesige industrielle und militärische Verteidigungsmaschinerie mit unseren friedlichen Methoden und Zielen auf angemessene Weise zusammenwirkt, so dass Sicherheit und Freiheit gemeinsam gedeihen können.«

Wenn ihre Botschaften und die der anderen verstorbenen Größen, die in diesem Buch zu Wort kommen, erst einmal veröffentlicht und weit verbreitet sind, wird das amerikanische Volk und die Welt tatsächlich wachsamer und informierter sein. Das wird der Erde ermöglichen, in höhere Dimensionen aufzusteigen und wir können gemeinsam eine strahlende, wunderbare Zukunft für uns und zukünftige Generationen erschaffen!

Als Präsident Eisenhower 1961 diese berühmte Rede gegen den Militärisch-Industriellen Komplex hielt, sprach er eigentlich darüber, wie er nach Unterzeichnung der geheimen Vereinbarung im Jahr 1954 über Teile seiner Regierung und das Militär die Kontrolle verloren hatte. Als ihm der Zutritt zur Militärbasis in Nevada verweigert wurde, erkannte er, dass er seine eigene Regierung nicht mehr in der Gewalt hatte. Seit 1959 wurde keinem Vertreter des Weißen Hauses mehr der Zugang zu Area 51 gestattet.

Der letzte Präsident, der auf den Stützpunkt zu gelangen versuchte, war Präsident John F. Kennedy – und zwar am 12. November 1963, als er eine präsidiale Verfügung erließ, dass die CIA alle UFO-Akten offenlegen solle. Die CIA weigerte sich, dieser Aufforderung Folge zu leisten, und zehn Tage später wurde Präsident Kennedy ermordet.[31]

31 In Larry Holcombes Buch *The Presidents and UFOs: A Secret History from FDR to Obama* (Griffin 2016) wird eine geheime CIA-Mitteilung aus dem Jahr 1961 zitiert, in der es an einer Stelle heißt: »Wenn die Bedingungen für das Wachstum in unserer

Seit den 1950er Jahren haben die Reptiloiden und die Greys etwa sechs Millionen Menschen entführt, aber nur ungefähr eineinhalb Millionen wurden zurückgebracht – alle anderen wurden von den Reptiloiden und den Greys getötet, aufgegessen oder versklavt.

Wie sich manche Leser vielleicht noch erinnern, wurden insbesondere in den 1970er und 1980er Jahren viele Kinder von den Greys und den Reptiloiden entführt.

Für so manche Amerikaner, die in dieser Zeit aufwuchsen, hatten die Bilder von verschwundenen und vermissten Kindern auf Milchkartons unmittelbar mit diesen Entführungen zu tun. Schließlich wurden Millionen von Kindern nie zurückgebracht. Die amerikanische Regierung unterband dieses Verhalten der Greys und Reptiloiden aber nicht. Dem wurde erst vor kurzem durch das Eingreifen der Galaktischen Allianz ein Ende bereitet. Die Allianz ist ein Bündnis, dem sich vierhundertfünfzig Millionen Planeten aus dem Drittel der Milchstraßengalaxis angeschlossen haben, in dem auch unser Planet – die Erde – sich befindet. Sie wird von etwa sieben Billionen Wesen bevölkert, die zum größten Teil – wenn auch nicht ausschließlich – menschenähnlich sind, und sie alle sind uns wohlgesonnen.

Ich stehe seit mehreren Jahren mit Präsident Eisenhower auf der anderen Seite in Kontakt. Wie er mir erzählt hat, war es

›Umwelt‹ nicht mehr förderlich sind und auf Washington kein Einfluss mehr ausgeübt werden kann, lässt sich das Wetter nicht mehr vorhersagen ... Es muss nass werden (»should be wet«). Der Begriff »to wet« war ein Codewort der Sowjets für den Befehl, jemanden zu ermorden, und Holcombe glaubt, das könnte der CIA-Code für ein Komplott zur Ermordung Kennedys gewesen sein. – Vgl. dazu auch http://exopolitics.org/tag/kennedy-assassination/ und http://exopolitics.org/kennedys-last-stand-roots-of-jfk-assassination-lie-in-what-he-saw-in-1945/ sowie Dr. Michael Sallas exzellentes Buch *Kennedy's Last Stand: Eisenhower, UFOs, MJ-12 & JFK's Assassination* (Exopolitics Institute 2013).

durch seine Entscheidung, diese Vereinbarung mit den Reptiloiden und den Greys zu unterzeichnen, einer nicht-menschlichen Spezies möglich geworden, nicht nur die Kontrolle über die USA, sondern über die ganze Welt zu übernehmen.

Sowohl Präsident Eisenhower als auch Jack Kennedy sagen, dass inzwischen viele amerikanische Unternehmen größtenteils von den Greys und den Reptiloiden kontrolliert werden. Insbesondere wird das Unternehmen Monsanto genannt, das auf Gentechnik und Genmanipulation spezialisiert ist. Die Reptiloiden halten sich selbst für die »Meister-Genetiker« des Universums. Laut Präsident Eisenhower haben sie ihre Technologie an Monsanto weitergegeben.

Einen hohen Stellenwert hat auch der Konzern Geico, ein großes amerikanisches Versicherungsunternehmen, das ebenfalls von Reptiloiden kontrolliert wird, wie Präsident Eisenhower und Jack Kennedy mir erklärten.

Die Agenda ist offensichtlich für alle, die die Wahrheit kennen, wie das folgende Bild eines Werbespots zeigt:[32]

[32] Zu finden auf www.ispot.tv/ad/A1vW/geico-alligator-arms-its-what-you-do.

Ist es nicht auffällig, dass in der Werbung für diese Versicherung schon seit Jahren zweibeinige Alligatoren zu sehen sind, die gerne mit Menschen zusammen essen? Und andere Geico-Werbespots vermitteln das Bild eines Geckos – bei denen es sich ja ebenfalls um Reptilien handelt – als warmherziges, freundliches Wesen mit rabenschwarzen Augen.

Dieser Geico-Gecko ist inzwischen äußerst beliebt. Sogar ein Bilderbuch mit ihm entstand. Es trägt den Titel *You're Only Human* – »Du bist nur ein Mensch«. Doch sicher am auffälligsten dabei ist, dass die von Geico in der Werbung gezeigten niedlichen Geckos alle große schwarze Augen haben:

Damit sieht der Geico-Gecko den Greys sehr ähnlich, der Sklaven-Spezies der Reptiloiden, von denen ein Entführungsopfer diese Zeichnung anfertigte.[33] Man beachte die typischen Augen eines Greys, die sich beim Geico-Gecko wiederfinden:

33 Die Zeichnung des Greys haben wir mit freundlicher Genehmigung Budd Hopkins klassischem UFO-Buch *Eindringlinge* entnommen, Knaur-Taschenbuch, München 1994. – Hier finden Sie übrigens zwei Videos mit Aufnahmen gefangengenommener echter Greys: https://www.dailymotion.com/video/x3gdtw4 und https://alien-ufo-research.com/the-greys/ (aufgerufen am 18. März 2022).

Da mutet es fast wie ein Insider-Scherz an, dass echte Geckos auf diesem Planeten die Augen von Reptiloiden haben:

Generationen von Amerikanern und insbesondere Kinder, die diese »Gecko«-Werbung – außerirdische Greys – von Geico gesehen haben, werden die Greys, wenn sie sich dem amerikanischen Volk vorstellen, als warmherzige, freundliche Wesen akzeptieren, sagt Eisenhower – so wie sie in der Geico-Werbung eben seit vielen Jahren dargestellt werden.

Und diese Sichtweise wird noch dadurch erleichtert, dass viele Menschen in öffentlichen und privaten Institutionen von den Reptiloiden und den Greys durch Implantate in ihrem Körper kontrolliert werden, die wie folgt aussehen können:[34]

---

34 Diese Aufnahme entnehmen wir mit freundlicher Genehmigung der englischen Ausgabe des Buches *Greys* von Marcel Polte (AMRA Verlag, Hanau 2018/2022), die als *Non-Human Contact* bei Amazon vorliegt: »Das Foto wurde mir von einem meiner Kontak-

# Jack Kennedys Treffen mit Präsident Eisenhower am 6. Dezember 1960

Bereits vor Präsident Eisenhowers berühmter Rede über die Gefahren des Militärisch-Industriellen Komplexes traf sich Jack Kennedy mit ihm einmal im Dezember 1960[35] und ein weiteres Mal im Januar 1961 vor seiner Wahl zum US-Präsidenten.

---

te zur Verfügung gestellt. Der darauf abgebildete Gegenstand ist etwa zwei Millimeter lang und etwa 0,5 Millimeter dick. Die Person hatte den Gegenstand im August 2018 mit einer Pinzette aus dem Gehörgang des rechten Ohrs entfernt.«

35 Diese Begegnung ist hier festgehalten. Bildquelle: https://de.wikipedia.org/wiki/Dwight_D._Eisenhower#/media/Datei:Eisenhower_and_Kennedy.jpg. Ein Foto der anderen offiziellen Begegnung der beiden finden Sie auf http://historyinpieces.com/video/wp-content/blogs.dir/34/files/2014/07/19601208-Kennedy-and-Eisenhower-57.500.jpg (aufgerufen am 18. März 2022).

Dabei setzte er Jack über die Gefahren des Militärisch-Industriellen Komplexes in den USA in Kenntnis und berichtete ihm auch, dass er, Eisenhower, hinsichtlich S4, Area 51 und weiterer militärisch-industrieller Stützpunkte keinerlei Amtsgewalt mehr innehatte. Diese geheimen Basen waren errichtet worden zum Nachbau erbeuteter Raumschiffe sowie zur Entwicklung der Technologie, die das US-Militär von den Außerirdischen erhalten hatte – doch der Präsident der Vereinigten Staaten hatte KEINERLEI Entscheidungsgewalt oder Kontrolle über die genannten Stützpunkte.

Seine diesbezüglichen Gespräche mit Eisenhower veranlassten Jack Kennedy, die CIA am 12. November 1963 aufzufordern, sämtliche UFO-Akten herauszugeben – genau zehn Tage vor seiner Ermordung am 22. November 1963.

# Gechannelte Aussagen zur aktuellen Lage

Wie Präsident Eisenhower mir im März 2022 mitteilte, richtete er, nachdem seinem Abgesandten der Zutritt zu Area 51 verweigert worden war, eine Sonderabteilung der U.S. Marines ein. Diese Abteilung besteht heute noch und ist Teil von QAnon. Sie setzt sich aus dreizehn verschiedenen Komponenten zusammen, darunter Menschen, Plejader und ein Quantencomputer, und schützen die Vereinigten Staaten hinter den Kulissen des gerade stattfindenden Kriegs. Sie verhaften mit Hilfe der White Hats des amerikanischen Militärs die negativen Kräfte, die hinter den DUMBs stehen, den weltweiten unterirdischen Militäranlagen, sowie andere kriminelle Elemente, die an Verbrechen gegen die Menschlichkeit beteiligt sind.

Tausende von Anklageschriften wurden ausgestellt und zugestellt, viele prominente politische Führer bereits verhaftet und in Guantanamo Bay auf Kuba hingerichtet.

Präsident Eisenhower unterstützt die Beteiligung und Hilfe der Plejader sowie der Galaktischen Allianz am aktuellen verdeckten Krieg. Sie helfen uns dabei, diese negativen Elemente ein für alle Mal loszuwerden. Sein eigener spiritueller Weg nahm Schaden, als er den Vertrag mit den Reptiloiden akzeptierte, aber jetzt versucht er, der Menschheit so gut wie möglich beizustehen. Seine Enkelin Laura arbeitet durch ihre wunderbare Aufklärungsarbeit über die negative ET-Bedrohung auch etwas von seinem schlechten Karma ab.

Laut Präsident Eisenhower haben die Plejader vor 52.000 Jahren einen äußerst verheerenden Bürgerkrieg erlebt, in dem unzählige ihrer Art durch Atomwaffen starben. Dies sei der

Grund, sagte er, warum Atomwaffen für alle fortgeschrittenen Zivilisationen in diesem Universum verboten sind und warum es so wichtig ist, den Gebrauch und die Existenz dieser Waffen hier auf dem Planeten Erde zu unterbinden.

Die Plejader wollen nicht, dass wir denselben Prozess durchlaufen, den sie bis zum Aufstieg durchgemacht haben, weil so viele Millionen plejadische Menschen dabei sinnlos starben.

# 8

# Was wäre, wenn ...?

## Gespräche mit John F. Kennedy

Wie die berühmten Reden von Präsident Eisenhower über die Gefahren des Militärisch-Industriellen Komplexes und von John F. Kennedy über die Geheimgesellschaften aufzeigen, wussten beide um die Bedrohung der Menschheit durch

(a) den Militärisch-Industriellen Komplex sowie
(b) die Reptiloiden und die Greys.

Wäre John F. Kennedy nicht getötet worden, wären die folgenden Ereignisse, die er mir durch unseren medialen Kontakt mitteilte, abgewendet oder verhindert worden und andere, der Menschheit förderliche Projekte wären an ihre Stelle getreten.

**1.** Die Vereinigten Staaten hätten den Vietnamkrieg so nie geführt und 42.000 amerikanische Männer und Frauen sowie Hunderttausende von Vietnamesen wären nicht getötet worden. Ho

Chi Minh, der Anführer von Nordvietnam, suchte anfänglich sogar die Hilfe Amerikas in seinem Krieg um die Unabhängigkeit von den Franzosen, denn er hielt die USA tatsächlich für eine große Demokratie, die für Wahrheit und Gerechtigkeit für alle Menschen stand. Doch leider verweigerte Präsident Truman Ho Chi Min diese Hilfe, und so wandte er sich an die Sowjetunion und Stalin um Unterstützung und Nordvietnam wurde zu einem kommunistischen Staat. Jack hätte bis 1966 sämtliche Truppen abgezogen – er hatte bereits eine entsprechende Verordnung herausgegeben, als er 1963 ermordet wurde.

**2.** Das Geld, das für den Vietnamkrieg ausgegeben wurde, wäre in das Bildungswesen und den Umweltschutz geflossen und ein wunderbarer, friedlicher Planet wäre entstanden.

**3.** Zum Zeitpunkt seines Mordes hatte Jack Kennedy einen französischen Journalisten zu Verhandlungen mit Fidel Castro gesandt, um die Beziehungen zwischen den beiden Ländern zu normalisieren. 1966 hätten die USA und Kuba wieder friedliche Beziehungen gepflegt.[36]

**4.** Als John F. Kennedy am 22. November 1963 ermordet wurde, waren gegen seinen Vizepräsidenten Lyndon Baines Johnson in Texas Strafermittlungen im Gange – unter anderem wegen Mordverdacht – und er wäre bis 1. Januar 1964 zum Rücktritt gezwungen worden. John F. Kennedy hätte für Johnson einen Ersatz als Vizepräsidenten gefunden und wäre sicherlich für eine zweite Amtszeit als Präsident von 1964 bis 1968 wiedergewählt worden. Johnson wäre wahrscheinlich für den Rest seines Lebens im Gefängnis gelandet.[37]

---

36 Vgl. das Buch »Kennedy's Last Act: Reaching Out to Cuba – November 20, 1963« auf https://unredacted.com/2013/11/20/kennedys-last-act-reaching-out-to-cuba/ (aufgerufen am 18. März 2022).

37 Siehe Barr McClellan, *Blood, Money & Power: How LBJ Killed JFK* (Skyhor-

**5.** Bis 1966 hätte John F. Kennedy die Federal Reserve abgeschafft und die USA hätten ihre Banknoten wieder durch das amerikanische Schatzamt drucken lassen, wie das über hundert Jahre lang, bis 1913, der Fall war. Die Staatsverschuldung wäre dadurch drastisch gesenkt worden und die USA wären sowohl wirtschaftlich als auch auf spiritueller Ebene sehr viel aufgeklärter und erleuchteter als heute.[38]

**6.** John F. Kennedy hätte die CIA vom Einfluss durch die Nazis befreit, insbesondere durch George Bush Senior und Allen Dulles.

**7.** Jack Kennedy ordnete am 12. November 1963, gerade einmal zehn Tage vor seiner Ermordung, die Herausgabe aller UFO-Akten an. Dadurch hätte er die geheimen Vereinbarungen mit den negativ gesinnten außerirdischen Reptiloiden und Greys publik gemacht. Er hätte die Plejader, Valiant Thor und die Galaktische Allianz um spirituelle und technologische Hilfe bei der Transformation unseres Planeten in einen wahrhaft wunderbaren und harmonischen Ort um Hilfe ersucht.

**8.** Der Kalte Krieg mit der Sowjetunion wäre bereits 1966 beendet worden. Beide Länder wären mit Unterstützung der Plejader, von Valiant Thor und der Galaktischen Allianz weltweit in eine Phase echter Kooperation eingetreten. Die Vereinigten Staaten hätten bis 1968 diplomatische Beziehungen zur Volksrepublik China aufgebaut – vier Jahre vor Nixons entsprechenden Bemühungen 1972.

**9.** Die uns wohlgesinnten Außerirdischen hätten uns beigebracht, wie man für alle Menschen kostenlose Energie zur Verfügung stellen könnte, und Erdöl wäre schon 1970 nicht

---

se 2011). – Keine deutsche Ausgabe.

38 James L. Paris & Robert G. Yetman Junior, *Executive Order 11110: Did The Fed Kill JFK?* (Premier Financial Communications 2013). – Keine deutsche Ausgabe.

mehr als Energiequelle genutzt worden. Der Planet wäre inzwischen viel sauberer und hätte weniger Umweltverschmutzungsprobleme, da umweltfreundliche Energie zum Einsatz gekommen wäre. Die Ölpestkatastrophen von Valdez und im Golf von Mexiko hätte es nie gegeben.

**10.** Bereits 1970 wäre Nuklearkraft komplett verboten worden und die Atomunfälle von Three Mile Island, Tschernobyl und Fukushima hätten nie stattgefunden. Millionen Menschen wären von Tod durch Krebs und Geburtsschäden verschont geblieben.

**11.** Spätestens 1972 wäre George Bush Senior wegen seiner vielen Verbrechen gegen die Menschheit verhaftet und strafrechtlich verfolgt worden. Den größten Teil seines restlichen Lebens hätte er im Gefängnis verbracht.

**12.** John F. Kennedys Bruder Robert wäre 1969 zum US-Präsidenten gewählt worden und bis 1976 zwei Amtszeiten lang im Amt geblieben. Er wäre in die Fußstapfen seines Bruders getreten und ebenfalls zu einem der größten Präsidenten des Landes geworden. Richard Nixon wäre laut Jack nie Präsident geworden und es hätte kein Watergate gegeben.

**13.** Die Golfkriege in den 1990er Jahren und der Krieg im Irak in den 2000ern, in denen so viele Menschen sinnlos getötet wurden, hätten nie stattgefunden, ebenso wenig wie der Krieg in Syrien in den 2010er Jahren, der Terroranschlag am 11. September 2001 und der Krieg in Bosnien in den 1990er Jahren. Es gäbe die Probleme mit der Öl-Pipeline am Standing Rock in North Dakota nicht und auch keine weltweiten Konflikte mehr.

**14.** Jack zufolge wäre die Regierung heute viel sauberer, ehrlich, weit transparenter und auch kleiner, denn es gäbe heute viel weniger Gesetze. Ohne den negativen Einfluss der Reptiloiden wüssten die Menschen auch ohne Gesetze und staatliche Kontrolle, wie sie handeln sollten. Es gäbe zwar nach wie vor eine Regierung, aber sie wäre erheblich effektiver und ihre Hauptaufgabe bestünde darin, Beziehungen zu außerirdischen Rassen zu knüpfen und zu pflegen.

**15.** Heute wäre die Erde ein Mitglied der Galaktischen Allianz und wir würden Botschafter mit anderen außerirdischen Zivilisationen austauschen. Geld als Tauschmittel wäre nicht mehr im Einsatz. Außerdem lebten die Menschen auf der Erde wie auf den meisten hochentwickelten Planeten problemlos über zweihundert Jahre lang und die meisten Menschen würden über telepathische Kommunikationsfähigkeiten verfügen. Niemand könnte mehr die Wahrheit verbergen oder lügen, da die Menschen in der Lage wären, ihre Gedanken zu lesen. Es gäbe zwar nach wie vor Sprache, aber sie wäre zweitrangig. Bildung und Ausbildung wären kostenlos und die Kinder wüchsen in einer Welt ohne Konflikte und Kriege auf, einer Welt, in der es nur Frieden und Harmonie gäbe.

**16.** Wie in den meisten hochentwickelten menschlichen Gesellschaften außerhalb der Erde wären sämtliche Krankheiten – auch Krebs – vollständig eliminiert worden, ebenso wie die großen Pharmakonzerne, und die Menschen würden ein langes und gesundes Leben führen.

**17.** Gary Sotello – der wahre Name von Barack Obama – wäre nie US-Präsident geworden. Laut Jack ist Sotello/Obama ein Geschöpf der CIA und der geheimen Regierung und wird von ihnen kontrolliert.

**18.** Es gäbe nach wie vor einen kleinen Militärisch-Industriellen Komplex. Seine Anlagen kämen aber nur noch bei der Produktion von Raumschiffen zur friedlichen Erforschung und zu wissenschaftlichen Forschungszwecken zum Einsatz. Jegliche eventuell erforderliche Verteidigung würde durch die Mitgliedschaft in der Galaktischen Allianz geregelt.

**19.** Der Planet hätte den Aufstieg in die fünfte Dimension vollzogen, in der die Menschen erkennen würden, dass wir alle Teil des Schöpfers und alle eins sind.

**20.** Es gäbe keine Armut mehr.

**21.** Gentechnisch veränderte Nahrungsmittel wären nie entwickelt worden und es gäbe sie heute schlicht nicht.

**22.** Sämtliche Informationen zu UFOs wären aufgedeckt worden und wir würden inzwischen Botschafter mit anderen hochentwickelten, außerirdischen Zivilisationen austauschen. Außerirdisches Leben wäre keine Sache der Geheimhaltung mehr. Die Reptiloiden und ihre negativen Verbündeten wären nicht mehr imstande, unsere Regierungen und Unternehmen zu kontrollieren.

**23.** Die Tötung und das Klonen von hochrangigen US-amerikanischen Regierungsbeamten wären nie passiert. Jack sagt, als er am 22. November 1963 ermordet wurde, war das eine echt schmutzige Angelegenheit. Heutzutage sei es viel einfacher, einen Präsidenten oder eine Präsidentin zu töten und ihn oder sie durch einen Klon zu ersetzen.

## Klone von Obama und Carter

Jack zufolge ist Präsident Obama im Januar 2013 kurz nach seiner erneuten Wahl zum Präsidenten ermordet worden. Er wurde nach Camp David gebracht – wo noch bis vor kurzem eine große, unterirdische Kloning-Anlage existierte –, und dort wurde er durch die Injektion einer blauen, giftigen Flüssigkeit getötet. Als sein Geist seinen Körper verließ, extrahierten die Wissenschaftler in dieser unterirdischen Anlage in Camp David seine Persönlichkeit und zwangen sie einem biologischen Klon auf.

Wie Jack sagt, wollte Obama für Amerika und die Welt einiges Gutes tun. Doch negative Elemente innerhalb der US-Regierung beschlossen, es wäre viel einfacher, den echten Obama zu töten und ihn durch einen Klon zu ersetzen. Dadurch wäre er viel leichter zu kontrollieren.

Während seiner zweiten Amtszeit als Präsident starrte Obama oft ins Leere. Seit Januar 2013, so Jack, gibt es nur noch einen geklonten Obama. Deshalb hält Präsident Obama seine Reden auch immer mit einem Teleprompter, von dem er seinen Text abliest. Er steht unter strengster Kontrolle und hat keinen freien Willen, von sich aus etwas zu sagen.

Diese Klontechnologie überließen die Reptiloiden einigen negativen Elementen innerhalb der US-Regierung. Die Reptiloiden rühmen sich, Meistergenetiker zu sein, und basteln am Leben und an den Genen herum. Jack sagt, für negative Elemente innerhalb der US-Regierung sei es sehr einfach, jemanden zu töten und zu klonen. Doch gibt es seiner Aussage nach auch eine gute Nachricht: Sämtliche Klonanlagen in Camp David und anderswo werden seit einigen Jahren zerstört.

Ein gutes Medium kann mit einem Blick auf die Aura ganz leicht den Unterschied zwischen einem echten Menschen und einem Klon erkennen. Ein echter Mensch hat eine Seele und viele verschiedene Energiekörper und Chakren. Und er existiert in der dritten Dimension. Klone dagegen können nur auf höheren Ebenen der zweiten Dimension existieren – sie haben keine Chakren, sondern nur ein mattes, weißes Licht oben auf dem Scheitel. Sie sind biologische Einheiten ohne echte Seele.

Jack führt noch ein weiteres Beispiel an: Präsident Jimmy Carter wurde in der Woche vom 13. zum 21. April 1979 bei einem Besuch zu Hause in Plains, Georgia, getötet und geklont. Dies geschah auf Verlangen negativer Elemente innerhalb der US-Regierung, nachdem auch Präsident Carter von der CIA die Herausgabe aller UFO-Akten gefordert hatte.

Im Jahr 1969 hatte Präsident Carter, der seitdem als »UFO-Präsident« bezeichnet wird, selbst ein UFO gesehen und 1973 darüber berichtet. Bei seinem Wahlkampf 1976 hatte er erklärt, er würde, falls er gewählt würde, sämtliche Informationen, die dieses Land über UFO-Sichtungen hat, der Öffentlichkeit und der Wissenschaft zur Verfügung stellen.[39]

Und so kam es kurz nach seiner Wahl zum US-Präsidenten am 19. November 1976 zu einem Treffen von einer Dreiviertelstunde Länge zwischen Präsident Carter und George Bush Senior, dem damaligen Leiter der CIA. Carter sagte Berichten zufolge: »Ich möchte die Informationen, die wir über UFOs und außerirdische Intelligenz haben. Ich als Präsident möchte darüber Bescheid wissen.«[40]

Carter interessierte sich schon seit über dreißig Jahren für UFOs, doch nach dem April 1979 verlor er jedes Interesse daran. Er forderte die CIA nie wieder zur Herausgabe von UFO-Akten auf. Jack weist darauf hin, dass auf allen Bildern, die nach dem 21. April 1979 von Carter gemacht wurden, sein

39 Weitere Informationen hierzu finden Sie in englischer Sprache auf http://www.phils.com.au/carter.htm (aufgerufen am 18. März 2022).

40 Weitere Informationen hierzu finden Sie in englischer Sprache auf https://www.democraticunderground.com/discuss/duboard.php?az=view_all&address=104x1956796 (aufgerufen am 18. März 2022).

Haar nach links gekämmt ist, auf allen Bildern davor hingegen nach rechts. Jack sagt, es sei unmöglich, dass jemand sein Haar innerhalb einer Woche auf einmal auf die andere Seite kämmt, schon gar nicht, wenn die Person ihr Haar über fünfzig Jahre lang auf der anderen Seite scheitelte.

Die folgenden Fotos belegen diese augenfällige Veränderung. Auf den ersten beiden ist sein Haar nach links gekämmt, es ist also der echte Carter, während die Fotos 3 bis 5 ihn bei einem Besuch in seiner Heimatstadt Plains und einem Antarktis-Briefing mit rechts gescheiteltem Haar zeigen, es handelt sich demnach um einen Klon von Carter.

Und noch ein Beispiel für die Vertuschungspolitik der US-Regierung hinsichtlich der UFO-Thematik: 2015 wurde Präsident Obama von dem Komiker Jerry Kimmel auf NBV-TV interviewt. Kimmel erzählte Präsident Obama, er hätte, wäre er Präsident geworden, zuallererst versucht, herauszufinden, ob es UFOs wirklich gibt. Kimmel wollte wissen, ob Obama je versucht hatte, den »UFO-Akten« und der geheimnisumwitterten

5

Wüstenregion, die als Area 51 bekannt ist, auf den Grund zu gehen. Präsident Obamas Antwort war sehr interessant. Wie die *Los Angeles Times* und Michael E. Salla berichteten, witzelte Obama: »Das werden die Aliens nicht zulassen. Dann würden ja ihre ganzen Geheimnisse aufgedeckt. Sie haben uns streng unter Kontrolle.«

»Aber Präsident Clinton hat einmal gesagt, er hätte das überprüft und es wäre nichts dabei herausgekommen«, widersprach Kimmel.

»Man hat uns angewiesen, genau das zu sagen«, entgegnete Obama.

Normalerweise blinzelt Präsident Obama viel beim Reden (was auf Lügen hinweist), doch dieses Mal schaute er Kimmel (ohne zu blinzeln) geradewegs in die Augen, als er hinzufügte: »Sie führen ein strenges Regiment über uns. Sie weisen uns an, wir sollten der Öffentlichkeit sagen, es gäbe da nichts in Area 51, obwohl sie die Welt kontrollieren.«

Kimmel hielt Obamas Kommentare für einen Scherz, doch Michael E. Salla ließ das Video von Präsident Obamas Interview von einigen Polizeiermittlern analysieren und diese fanden heraus, dass er tatsächlich die Wahrheit sprach und das, was er sagte, offenbar sehr ernst meinte.[41]

Allerdings wird inzwischen den Reptiloiden und negativen Elementen innerhalb der US-Regierung nach und nach die Kontrolle entzogen und wir können unseren freien Willen zurückgewinnen. Das wahre Wesen des Menschen ist Freundlichkeit, Güte und Liebe. Jack Kennedy sagt, es sei die Bestimmung des Planeten Erde, sich zu einem friedlichen, liebevollen und gütigen Ort zu entwickeln, und dieser Planet sei für den

41 Sallas Artikel hierzu finden Sie in englischer Sprache auf http://exopolitics.org/obama-admits-space-aliens-control-usa-was-he-joking/ (aufgerufen am 18. März 2022).

Aufstieg in höhere Dimensionen bestimmt, wo wir alle ein wahres Paradies erschaffen werden.

Wir hier auf der Erde hatten die Chance, diese wunderbare Transformation in die höheren Dimensionen zu durchlaufen, als Jack Anfang der 1960er Jahre Präsident war. Er versuchte, die Federal Reserve abzuschaffen, die Central Intelligence Agency (CIA) im Zaum zu halten und sich der Sowjetunion anzunähern zum Aufbau eines gemeinsamen Weltraumprogramms und echter Zusammenarbeit – anstelle von Konflikten und Wettstreit.

Wie Jack sagt, verläuft die Geschichte in Zyklen. Wir befinden uns heute, um die sechzig Jahre später, wieder in denselben Zyklen wie damals, in den 1950er und 1960er Jahren. Die Verantwortlichen hätten damals schon für einen viel besseren und glücklicheren Planeten sorgen können. Jack erklärt, es sei unsere Bestimmung, in wahrem Frieden und wahrer Harmonie zu leben, und dass der gesamte Planet nun sehr schnell in die höheren Dimensionen wechselt.

## Wenn JFK jetzt Präsident wäre ...

Wäre John F. Kennedy jetzt Präsident, so würde er, wie er mir berichtete, Folgendes unternehmen:

**1.** Umgehend dafür sorgen, dass das US-Schatzamt »US-amerikanische Banknoten«, wie er es nennt, herausgibt, und die Federal Reserve abschaffen.

**2.** Das »Common Core«-Bildungssystem, das von Präsident Obama in fünfundvierzig Bundesstaaten eingeführt wurde, wieder abschaffen. Jack nennt es eine »törichte Idee«, durch die amerikanische Kinder »verdummt« würden und das Bildungsniveau in den USA auf Dritte-Welt-Niveau sinken würde. Er sagt, wir können das viel besser machen. Als er Präsident war, war das US-amerikanische Bildungswesen eines der besten weltweit. Jetzt ist es dank »Common Core« eines der schlechtesten, da viele Unterrichtseinheiten in den Fächern Mathematik, Naturwissenschaften, Englische Literatur und Kunst, die die Intuition und kreatives Denken fördern, gestrichen wurden.

**3.** Alle Truppen aus Afghanistan, für Jack ein weiteres »Vietnam im Nahen Osten«, nach und nach abziehen. Wir waren nur deshalb in Afghanistan, weil die CIA Geld mit dem Drogenhandel verdient, indem sie aus Afghanistan Heroin direkt nach Mexiko bringt und es von dort über die mexikanische Grenze in die USA schmuggelt. Dies ist, laut Jack, der WAHRE Grund, warum es an der mexikanischen Grenze keine besseren Sicherheitsvorkehrungen gibt. Würde die Grenze komplett abgeriegelt, könnte die CIA ihre Drogen nicht mehr in die USA transportieren. Die CIA begann mit ihrem Drogenhandel während des Vietnamkrieges; damals schaffte sie aus dem »Goldenen Dreieck« in Südostasien Heroin ins Land. Jack nennt die CIA eine »gesetzlose Behörde«, die er – wie er sagt – »komplett auflösen« würde, wenn er jetzt Präsident wäre.

**4.** Dem Islamischen Staat (ISIS) im Nahen Osten sämtliche finanzielle Unterstützung entziehen. Jack sagt, dass sowohl Obama als auch Senator John McCain, ein inzwischen verstorbener US-amerikanischer Präsidentschaftskandidat, 2013 ISIS initiiert und finanziert haben, um Syrien zu destabilisieren. Würde der Islamische Staat von den USA nicht mehr finanziell unterstützt, wäre morgen Schluss mit dessen verbrecherischen Machenschaften.

**5.** Den Bau neuer Atomkraftwerke in den USA umgehend stoppen. Jack würde die Arbeiten an allen derzeit im Bau befindlichen, neuen Atomkraftwerken, wie zum Beispiel den von Obama 2013 in Georgia beauftragten, einstellen. Seiner Meinung nach sei dieser Bau eine ungeheuerliche Geldverschwendung. Er würde zudem umgehend die Luft und das Wasser vor der US-amerikanischen Westküste auf Strahlung testen lassen. Laut Jack war Obamas Entscheidung, sämtliche Strahlungstests in den entsprechenden staatlichen Prüfeinrichtungen zu stoppen, »total falsch«, ebenso wie seine Verfügung, die zulässige Strahlendosis aus Atomkraftwerken auf zehntausend Rad pro Jahr zu erhöhen.[42] Jack würde Obamas Verfügung umgehend aufheben und die Menge der sogenannten akzeptablen Strahlungsbelastung auf einhundert Rad pro Jahr senken, welches den Schweizer Vorgaben entspricht.

**6.** Für die USA umgehend den Weg hin zu umweltfreundlichen Energien bereiten und eine obligatorische Energieeffizienz für dort produzierte Neuwagen auf fünfzig Meilen pro Gallone festlegen, was 111 Kilometern pro Liter entspricht.

**7.** Die sofortige Herausgabe aller in den Händen der CIA befindlichen UFO-Akten anordnen, besonders aller Akten

---

42 Rad ist die Abkürzung für »Radiation Absorbed Dose«, eine Einheit für die Strahlendosis. Ein Rad entspricht der Ablagerung von einhundert Erg Energie in einem Gramm eines beliebigen Materials. Es gilt seit 1978 allerdings nicht mehr als gesetzliche Einheit und wurde von der Einheit Gray abgelöst, der Maßeinheit der durch ionisierende Strahlung verursachten Energiedosis. Sie beschreibt die pro Masse absorbierte Energie. Obamas Billiging der höheren Strahlendosis für die US-Bevölkerung wird belegt auf https://www.activistpost.com/2013/04/obama-approves-epas-higher-radiation.html (aufgerufen am 18. März 2022).

und Informationen über die Geheimen Weltraumprogramme. Ebenso würde er die Offenlegung aller geheimen Arbeitslager, in denen menschliche Sklaven arbeiten, befehlen. Diese werden von Boeing und anderen organisierten Unternehmen im Rahmen des Corporate Global Conglomerate, des Internationalen Konzernkonglomerats, auf dem Mars betrieben.

**8.** Sofortige Aufhebung der präsidialen Verfügung von Präsident Bill Clinton aus dem Jahr 1996 – wodurch Monsanto die Nutzung von genetisch manipuliertem Mais und weiterer genetisch veränderter Nahrungsmittel erlaubt wurde. Jack sagt, diese Nahrungsmittel sind »gefährlich« und »ungesund«.

**9.** Sofortige Kontaktaufnahme mit den Plejadern und der Galaktischen Allianz mit der Bitte, uns zu helfen bei der Transformation der Vereinigten Staaten und des ganzen Planeten in einen weitaus besseren und glücklicheren Ort, wo es keine Krankheit und keine Armut mehr gibt.

Von der anderen Seite aus könne er ja schließlich die Wahrheit sagen, meint Jack: »Was können sie mir denn jetzt noch anhaben? Mich umbringen? Hahaha!«

## Gechannelte Aussagen zur aktuellen Lage

Mit der gefälschten Wahl von Joe Biden zum Präsidenten im Jahr 2021, sagt Präsident Kennedy, sind wir in eine neue und potenziell gefährliche Phase des Aufstiegs eingetreten, in der die kriminellen Elemente alles tun werden, um den Fortschritt der Menschheit aufzuhalten. Er sagt, dass die derzeitige Zivilisation bereits die siebte große Zivilisation auf der Erde ist, die kurz vor dem Erwachen stand – und fährt fort, dass wir noch nie so weit gekommen sind.

Die negativen Kräfte wollen zwar weiter den Planeten zerstören und uns alle zu Sklaven machen, sagt er, aber sie werden damit keinen Erfolg haben.

Aufgrund des Frequenzanstiegs dieses wunderschönen Planeten verlassen viele negative Elemente jetzt die Erde, weil die Schwingungen einfach zu hoch werden, als dass sie hier noch länger existieren könnten. Jack sagt, die weltweite Impfagenda sei ein weiterer Versuch gewesen, die Menschheit zu kontrollieren und alle zu unterjochen. Er betont, dass es absolut nichts Gutes an den Impfstoffen gibt, denn sie sind ein Biowaffenprogramm mit einem einzigen Ziel: die Menschheit zu eliminieren und/oder zu versklaven.

An der Spitze der weltweiten Medien und Big Pharma stehen die negativen Außerirdischen, die versuchen, diesen Planeten endgültig unter ihre Herrschaft zu bringen. Sie tun dies sehr deutlich durch einen Informationskrieg – der aktuelle Krieg erreicht die Bevölkerung vorwiegend über die Desinformation und Lügen der Massenmedien und ist ein Kampf um die Herzen und den Verstand der Menschen. Jack sagt, wir alle müssen gegen die Ungerechtigkeit auf diesem Planeten aufstehen und für die Wahrheit eintreten. Wir können jederzeit damit beginnen, den Planeten zu säubern, indem wir unsere Rechte einfordern, so wie sich die Trucker in Kanada für die Freiheit der Menschheit eingesetzt haben. Er sagt, dass man sie bewundern, respektieren und ihnen nacheifern soll.

# 9

# Dr. Masaru Emoto

Nach meinem Gespräch mit Jack Kennedy hatte ich das große Glück, mit Dr. Masaru Emoto sprechen zu dürfen.[43]

Vor seinem Tod am 17. Oktober 2014, der durch radioaktive Kontamination im Zusammenhang mit Fukushima erfolgte, war Dr. Emoto einer der großen spirituellen Menschen weltweit. Er erbrachte den Beweis, dass unser Denken die physische Realität beeinflusst und erschafft. Wie er herausfand, können positive Gedanken wunderschöne Wasserkristalle erzeugen, während negative Gedanken zu hässlichen, ungeordneten Kristallen führen. Die folgenden Bilder aus seinem bedeutenden Buch *Die Botschaft des Wassers*[44] zeigen, wie positive

---

43 Für die Überlassung seines Wasserkristallfotos des Songs *Imagine* am Anfang des Buches bedanken Autor und Verlag sich recht herzlich bei Diana Schulz. Es wurde Masaru Emotos Buch *Die Botschaft des Wassers – Das Vermächtnis* entnommen, EchnAton Verlag, Ramerberg 2021. Die Bildrechte von Masaru Emoto am Kapitelanfang besorgte Ted Mahr.

44 Dieses klassische Werk erschien auf Deutsch 2010 im Koha Verlag, Burgrain. Emoto ließ noch mehrere Bücher zu dem Thema folgen, die fast alle dort herauskamen.

Wörter, beispielsweise »Liebe« oder »Dankbarkeit«, kohärente Kristallstrukturen ausbilden und negative Wörter wie »Hass« und »Angst« inkohärente Strukturen hervorbringen.

Der unten abgebildete Kristall formt sich, wenn Sie auf ein Glas Wasser die Worte »Du Dummkopf« schreiben, und wie der Kristall aussieht, wenn das Wort »böse« auf ein Glas Wasser geschrieben wird, zeigt das Foto daneben.

---

Seine abschließende Veröffentlichung hierzu, *Die Botschaft des Wassers – Das Vermächtnis*, erschien 2021 im EchnAton Verlag, Ramerberg.

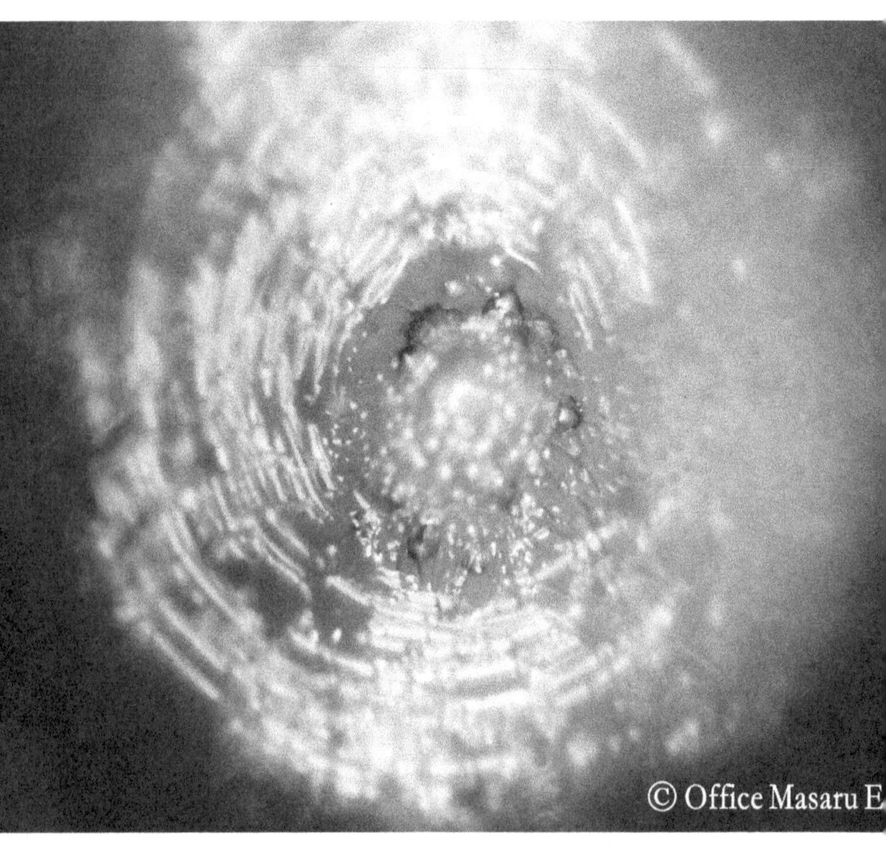

Im Vergleich dazu bildet sich der wundervolle Wasserkristall, der als nächstes abgebildet ist, durch die Worte »Liebe und Dankbarkeit«. Sie sind sicher mit mir einer Meinung: Von allen Wasserkristallen ist dieser der allerschönste.

Im Jahr 2005 begründete Dr. Emoto in seiner berühmten Rede vor den Vereinten Nationen das Emoto Peace Project und machte den Vorschlag, den Kindern in aller Welt die wertvollen Lektionen der Liebe und Dankbarkeit zu lehren. Wenn Kinder das erst einmal gelernt hätten, meinte er, würden sie später als

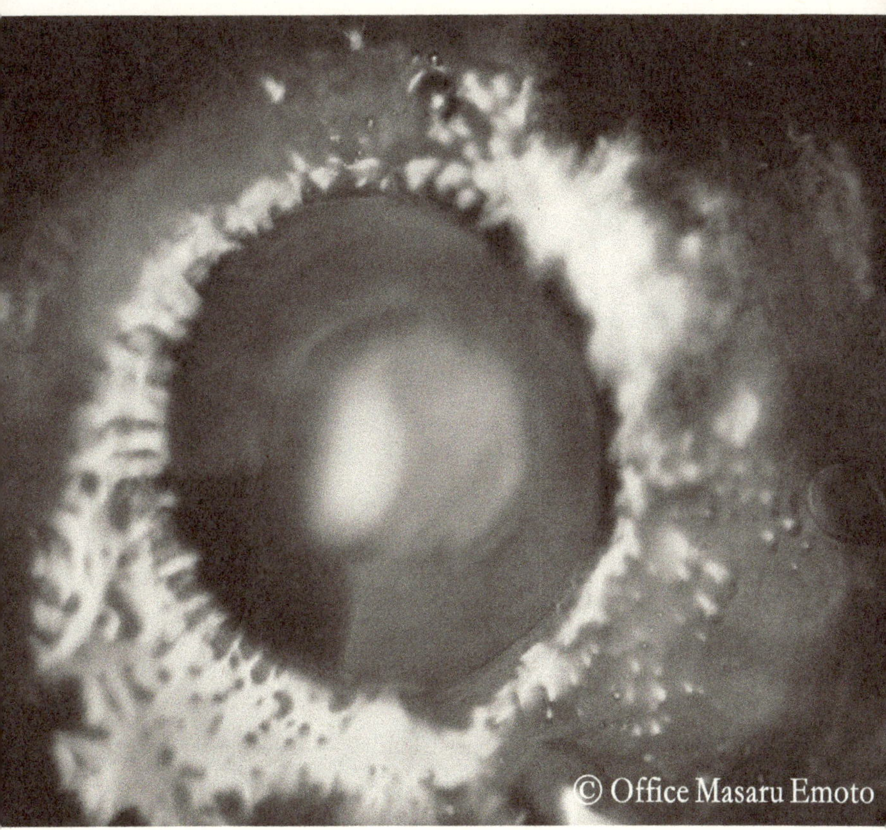

Erwachsene den Wunsch hegen, einen Planeten auf der Grundlage harmonischer Beziehungen und basierend auf Zusammenarbeit, Liebe und Dankbarkeit zu erschaffen.[45]

Dr. Emoto war davon überzeugt, dass wir unserem wunderschönen Planeten entsprechen, weil unser Körper zu siebzig Prozent aus Wasser besteht, ebenso wie die Erde. Wasser ist das lebensspendende Herzblut des Planeten und verfügt, wie Dr.

45 Mehr über dieses Projekt erfahren Sie auf https://www.emotopeaceproject.net/.

Emoto herausfand, sogar über ein Gedächtnis. Wenn man einfach nur die Worte »Liebe und Dankbarkeit« auf eine Flasche mit radioaktivem Wasser schreibt, lässt das innerhalb von achtundvierzig Stunden sämtliche Strahlung spurlos verschwinden. Das ist so, weil Wasser ein Gedächtnis hat und Strahlung in Wasser mit »Liebe und Dankbarkeit« nicht existieren kann.

Laut Dr. Emoto sind wir machtvolle und unabhängige spirituelle Wesen und können die Art von Welt erschaffen, die wir uns wünschen. Kindern das beizubringen ist die beste Möglichkeit, diese Welt zu einem besseren Ort zu machen.

Inzwischen wird das Emoto Peace Project von Michiko Hayashi weitergeführt, die zehn Jahre lang Dr. Emotos Assistentin war, bevor er 2014 verstarb. Michiko spricht fließend Englisch, Japanisch, Spanisch und weitere Sprachen und verbreitete die positiven Botschaften der Liebe und Dankbarkeit in einem wunderbaren Kinderbuch mit dem Titel *Die geheimnisvolle Sprache des Wassers*. Es wird von ihr und ihrem Büro in Tokio kostenlos an Kinder in aller Welt verteilt.[46]

Wie Dr. Emoto sagte, müsste sich nur ein Prozent der Menschen zum Positiven ändern, um die Welt zu einem friedlichen und liebevolleren Ort zu machen. Die meisten Menschen weltweit (achtzig Prozent) nehmen der Zukunft gegenüber eine neutrale Haltung ein, zehn Prozent sind bereits positiv und weitere zehn Prozent negativ eingestellt. Verändert sich nur ein einziges Prozent, das sich zu den zehn Prozent der positiv gestimmten Menschen hinzugesellt, wäre dies das Zünglein an der Waage und wir könnten den Planeten in einen Ort mit einer friedliebenden und segensreichen Zukunft verwandeln.

---

46 Sie können eine Version dieses Kinderbuches auch als farbiges PDF-eBook kostenlos herunterladen auf https://www.amraverlag.de/blog.php/gratis-pdf-wasser/.

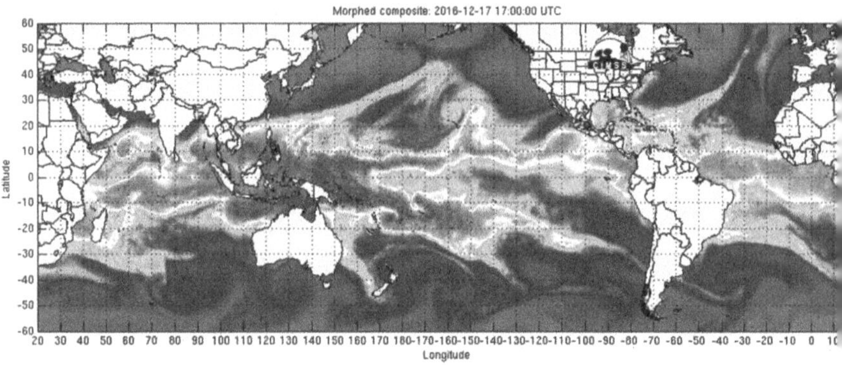

*Und die tolle Nachricht lautet:* Dieses eine Prozent hat sich bereits im September 2016 der »positiven Seite« zugewandt. Zwischen dem 5. und 15. sowie am 22. und 23. September erreichten sehr starke Energiewellen die Erde. Im Oktober und November 2016 kehrte dann wieder Ruhe ein, und vom 21. Dezember bis 7. Januar 2017 folgte eine weitere Energiewelle. Während der Osterwoche mit Beginn vom 11. April kam es zu einer ganzen Reihe positiver Energiewellen, die mehrere Wochen lang andauerten, wodurch die Frequenz der Schumann-Resonanz auf über 36 Hertz anstieg. Im Mai 2017 verzeichnete die Resonanzfrequenz des Planeten dann sogar einen Anstieg auf 120 Hertz.[47]

Damit nahmen positive Energiewellen ihren Anfang, denen seitdem viele weitere folgten. Sie erhöhten laufend und erhöhen noch immer die Schwingung des Planeten und tragen dazu bei, die Erde in eine materielle Struktur der fünften Dimension zu transformieren.

Ich bin mir sicher, dass die Frequenz des Planeten zum Zeitpunkt der Veröffentlichung dieses Buchs sogar erheblich

---

47 Diese Anfänge der langfristigen Entwicklung können Sie nachlesen auf https://prepareforchange.net/2017/02/02/humans-are-waking-up-for-first-time-in-recorded-history-schumann-resonance-jumping-to-36/ (aufgerufen am 18. März 2022).

höher liegt. Laut dem Seher Nostradamus wird der Prozess noch einige Zeit andauern – bis ins Jahr 2038 – und dann erst seinen Abschluss finden.

Kurz vor seinem Tod interviewte ich Dr. Emoto am 25. Juli 2014 eine Stunde lang in meiner TV & Radiosendung *Out of This World Radio*. Nach einer halben Stunde dankte ich ihm für seine wundervolle Forschungsarbeit und fragte ihn, ob durch positive Gedanken auch Weltfrieden erreicht werden könnte. Er sagte, positive Gedanken sollten in dieser Hinsicht eigentlich denselben Effekt haben wie bei Wasserkristallen.

Und so machten wir während unserer Sendung ein Intentions-Experiment: Wir schickten Liebe und Licht zu den Palästinensern und den Israeli. Bei dieser Gelegenheit baten wir auch gleich um einen zwölfstündigen Waffenstillstand zwischen den beiden Parteien, um den Verletzten Nahrung und medizinische Versorgung zukommen zu lassen.

Nach der Sendung ging ich zu meiner Unterkunft, und kaum schaltete ich – keine viereinhalb Stunden nach der Sendung – an diesem Abend den Fernseher ein, brachten sie auf CNN die Nachricht, dass die palästinensische und die israelische Regierung sich spontan auf einen zwölfstündigen Waffenstillstand geeinigt hatten, um die Verwundeten mit Nahrung und medizinischer Hilfe versorgen zu können.

Unser Intentions-Experiment hatte großartig funktioniert! Und ich lernte von Dr. Emoto an diesem Tag etwas Wunderbares: *Wir alle sind machtvolle spirituelle Wesen, dazu bestimmt, einen viel besseren und glücklicheren Planeten zu erschaffen.*

Ich lernte aber noch etwas anderes. Als ich mir die Audioaufzeichnung der Sendung anhörte, war die ganze Sendung zu hören, bis auf den Teil eine halbe Stunde vor Schluss, als Dr.

Emoto und ich Liebe und Licht an die Palästinenser schickten. Die Aufnahme unseres Intentions-Experiments war durch Papierrascheln ersetzt worden. Schon seltsam, dieses Rascheln mitten in meiner Sendung, während der gesamten Fokussierung – vier oder fünf Minuten lang, sonst nichts.

Als ich meine uns wohlgesinnten außerirdischen Freunde fragte, wie es denn dazu hatte kommen können, erfuhr ich, dass die Reptiloiden mit ihrer hochentwickelten Technologie die Aufzeichnung der Sendung abgeändert hatten, so dass man jetzt nur noch dieses Papierrascheln hört, unser Intentions-Experiment aber nicht. Sie wollten nicht, dass die Menschheit erfährt, was für machtvolle spirituelle Wesen wir sind und fähig, unsere Realität selbst zu erschaffen, und dass wir dieser Welt Frieden und Harmonie schenken können.[48]

Seit Dr. Emotos Tod am 17. Oktober 2014 hat sich natürlich viel verändert. Die Galaktische Allianz hat eingegriffen und Lichtarbeiter in aller Welt unter ihren Schutz gestellt. Wie ich zudem erfuhr, wurden zahlreiche negative Entitäten von der Erde vertrieben – so dass uns jetzt eine besonders sonnige Zukunft bevorsteht. Die Reptiloiden, ihre Freunde und negativ gesinnten Verbündeten wollen nicht, dass wir Menschen erkennen, dass wir für den Aufstieg in die höheren Dimensionen bestimmt und bereit sind. Doch immer wieder erhielt ich die folgende Botschaft: Uns steht eine wunderbar lichtvolle Zukunft bevor. Wir müssen lediglich mit dem Höchsten Wesen – dem Urschöpfer – zusammenarbeiten, um einen wunderschön lichterfüllten und liebevollen Planeten zu erschaffen.

Dr. Emoto machte übrigens auch dieses Wissen wieder bekannt: Wir Menschen bestehen zu siebzig Prozent aus Wasser,

---

48 Vgl. das Interview in meiner Sendereihe *Out of This World* vom 25. Juli 2014 mit Dr. Emoto auf http://outofthisworld1150.com/guests/emoto-peace-project/.

ebenso wie die Erde, unsere Heimatwelt. Er bezeichnete Wasser als »Gott«, das lebensspendende Herzblut unseres Planeten – eine sehr wichtige und profunde Aussage.

## Fracking

Fracking ist ein Verfahren zur Aufschließung und Förderung von unterirdischen Erdöldepots und Erdgasvorkommen, bei dem es zur Wasserverschmutzung kommt. Je mehr Fracking wir zulassen, desto mehr schädigen wir unseren wunderschönen Planeten. Wie meine außerirdischen Freunde mir sagen, wollen die Reptiloiden, die die US-Regierung unter Kontrolle haben, auf diese Weise das Wasser auf dem Planeten zerstören. Deshalb haben auch die US-amerikanische und andere Regierungen NICHTS im Hinblick auf Fukushima und die dort freigesetzte Strahlung unternommen. Es ist kaum zu glauben, aber das Emoto Peace Project und einige wenige private gemeinnützige Organisationen haben praktisch als einzige versucht, den Erwachsenen und Kindern von Fukushima zu helfen.

Wasser verfügt über ein Gedächtnis, und schon in Kürze werden wir biologische Computer herstellen können, die mit einem Arbeitsspeicher funktionieren, der auf Wasser beruht, genauer gesagt werden sie auf Basis von hexagonalem Wasser ($H_3O_2$) laufen, das ein zusätzliches Hydroxidmolekül aufweist. Dadurch kann Wasser sehr viel mehr Informationen viel kompakter speichern als unsere derzeit gebräuchlichen Computer. Laut Professor Einstein werden die neuen Computer teilweise aus organischen Materialien bestehen.

Der argentinische spirituelle Lehrer Matias de Stefano weiß zu berichten, dass bereits zu Zeiten von Atlantis Wasser zur Informationsspeicherung genutzt wurde. In Interviews im Rahmen meiner TV & Radio-Sendung *Out of This World Radio* sagte er, die Informationen aus Atlantis wären tatsächlich noch im Wasser der Ozeane gespeichert und eines Tages würden wir auf diese Informationen zugreifen können. De Stefano ist ein junger Mann mit sehr detaillierten und spezifischen Erinnerungen an sein Leben in Atlantis vor 12.500 Jahren.[49]

## Alles ist »Hado« oder Schwingung

Es ist sehr wichtig, während des Aufstiegs zu erkennen, dass dieser Planet und viele seiner menschlichen Bewohner auf dem Weg in die fünfte Dimension und höhere Dimensionen sind. In der fünften Dimension, so Dr. Emoto, »sind Gedanken Dinge«. Im Rahmen dieses Aufstiegsprozesses hat alles in der dritten Dimension, wie er betont, »Hado« oder Schwingung. Beim Aufstieg der Erde in die fünfte Dimension gewinnen unsere Gedanken immer mehr an Bedeutung. In der fünften Dimension sind Gedanken dann wirklich Dinge – wir müssen also sehr sorgsam darauf achten, nur Positives zu denken, denn unsere Gedanken in der fünften Dimension materialisieren sich immer schneller in die dritte Dimension. Auf diese Weise können wir durch Erhöhen unserer Schwingung, so Dr. Emoto, die Welt

---

49 Vgl. das Interview unter http://outofthisworld1150.com/guests/matias-de-stefano/.

verändern. Ende der 1990er Jahre fand er heraus, dass durch Schwingungserhöhung bei einer Person auch der Selbstheilungsprozess in Gang gesetzt werden kann.

Zur Unterstützung des Heilungsprozesses entwickelte Dr. Emoto ein spezielles Hado-Schwingungsgerät, mit dessen Hilfe er die für die jeweilige Person richtige Frequenz bestimmte, um so die Heilung fast jeglicher spirituellen oder physischen Störung zu erleichtern. Von den 1990er Jahren bis zu seinem Tod im Jahr 2014 hat er über zehntausend Menschen erfolgreich damit behandelt. Wie er oft feststellte, hatten viele Krankheiten und spirituellen Probleme ihren Ursprung nicht nur im derzeitigen Leben einer Person, sondern in den Leben ihrer Vorfahren – und das bis zu sieben Generationen zurück. So etwas passiert, wenn eine Person sich damit einverstanden erklärt, die alte, karmische Schuld ihrer Vorfahren abzutragen. Von solch einem spirituellen »Arrangement« profitieren beide Seiten, die Vorfahren und der Mensch, der sie bei ihrem Wachstum und Aufstieg unterstützt. Er bezahlt sozusagen in diesem Leben für die karmische Schuld seiner Vorfahren.

Dr. Emoto gelang es somit, viele tausend Menschen durch seinen Schwingungsansatz zu heilen. Bestätigung fand dieser Ansatz in meiner TV & Radiosendung *Out of This World Radio*, als ich Corey Goode und Randy Cramer zu Besuch hatte, zwei Whistleblower, die von Geheimen Weltraumprogrammen berichten, die seit fast einhundert Jahren auf der Erde stattfinden. Sie erzählten, dass auch im Rahmen des streng geheimen Weltraumprogramms der U.S. Air Force, das mittlerweile an die 2019 gegründete Space Force abgegeben wurde,[50] Krank-

50 Ausführliche Informationen hierüber enthält Michael E. Sallas Buch *Space Force – Unsere Star Trek Zukunft*, das 2022 im AMRA Verlag erschienen ist.

heiten mit Schwingungen behandelt werden. Es gibt auf der dunklen Seite des Mondes, die wir mit unseren Raumschiffen erreichen können, Kliniken, in denen sich sämtliche physischen Erkrankungen heilen lassen, nicht zuletzt Krebs. Eine an Krebs erkrankte Person legt sich einfach in ein sogenanntes Med-Bett, und ein Computer programmiert die passende individuelle Schwingung, um sie vom Krebs zu befreien. Sowohl Corey Goode als auch Randy Cramer sprachen von einer hundertprozentigen Wirksamkeit dieser Maschinen.[51]

Corey Goode, Randy Cramer und Dr. Emoto sagen also alle drei im Wesentlichen dasselbe: *Schwingung ist der Schlüssel. Mit einer höheren Schwingung kann man Kranke heilen, Umweltverschmutzungen bereinigen und diese Welt zu einem glücklicheren und schöneren Ort machen!*

Im Rahmen seiner Untersuchungen zur programmierbaren Heilwirkung von Wasser, aus dem unser menschlicher Körper ja immerhin zu siebzig Prozent besteht, führte Dr. Emoto bereits Anfang 1999 ein verblüffendes Experiment durch. Auf eine Flasche mit radioaktivem Wasser legte er einen wunderschönen Kristall, der die Begriffe »Liebe« und »Dankbarkeit« gespeichert hatte, und auch auf die Flasche selbst schrieb er die Worte »Liebe« und »Dankbarkeit«. Innerhalb von achtundvierzig Stunden war SÄMTLICHE Strahlung aus dem Wasser verschwunden. Das Wasser war mit den Wörtern »Liebe« und »Dankbarkeit« im Kristall in Resonanz gegangen.

Dr. Emoto führte seine Experimente noch weiter: »Ich studiere und untersuche jetzt seit fünfundzwanzig Jahren den Zusammenhang zwischen Wasser und Hado [Schwingung]. Im

---

51 Siehe die beiden Interviews auf http://outofthisworld1150.com/guests/randy-kramer/ und http://outofthisworld1150.com/guests/corey-goode/. Wie alle meine Videos können sie auch als englische Audios angehört werden.

Oktober 1999 nahm ich anlässlich des Atomunfalls in Tokaimura ein Kristallfoto vom Wasser eines Brunnens auf, der nur vierhundert Meter von der Unfallstelle entfernt war.«

Und dieses Foto zeigt uns deutlich, wie Wasser aussieht, das von radioaktivem Material verseucht ist:

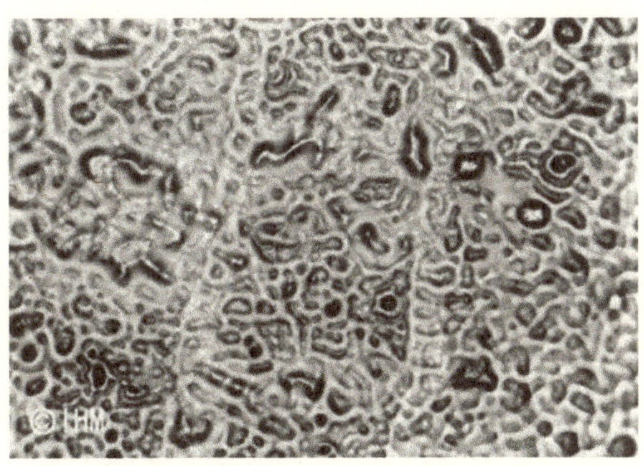

»Mich überraschte nicht«, fährt Dr. Emoto fort, »dass der geschädigte Wasserkristall des radioaktiv kontaminierten Wassers sich in einen wunderschönes Wasserkristall verwandelte, als ich dem radioaktiv verseuchten Wasser das Hado von ›Liebe‹ und ›Dankbarkeit‹ einprägte. Dass dieser wunderschöne, wie ein Diamant geformte Wasserkristall sich aus dem vormals verstrahlten Wasser bildete, bedeutet, dass das Naturgesetz sich im Wasser auswirkte. Das heißt, der Einfluss von radioaktivem Material wurde erfolgreich entfernt.«

Und mit Naturgesetz meinte Dr. Emoto zweifellos jene schwingungsmäßige göttliche Wirkkraft, die überall im Universum gleichermaßen Gültigkeit hat.

Im Rahmen eines weiteren Experiments mit Wasser wurde Dr. Emoto von einer Gruppe buddhistischer Priester unter-

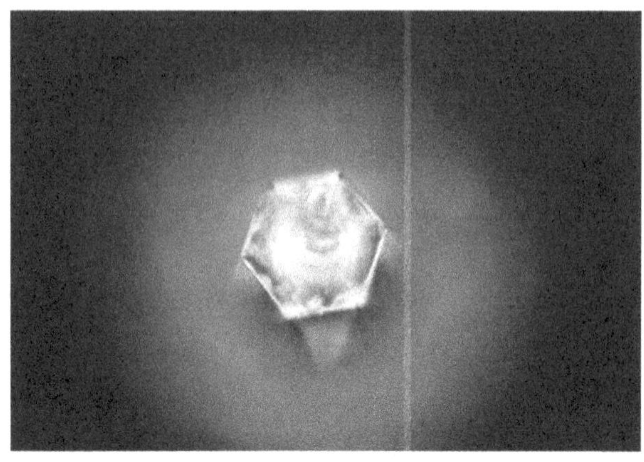

stützt. Sie beteten am Fujiwara-Damm außerhalb von Tokio. Die beiden nachfolgenden Bilder zeigen das Wasser vor (links) und nach (rechts) den Gebeten am Damm:

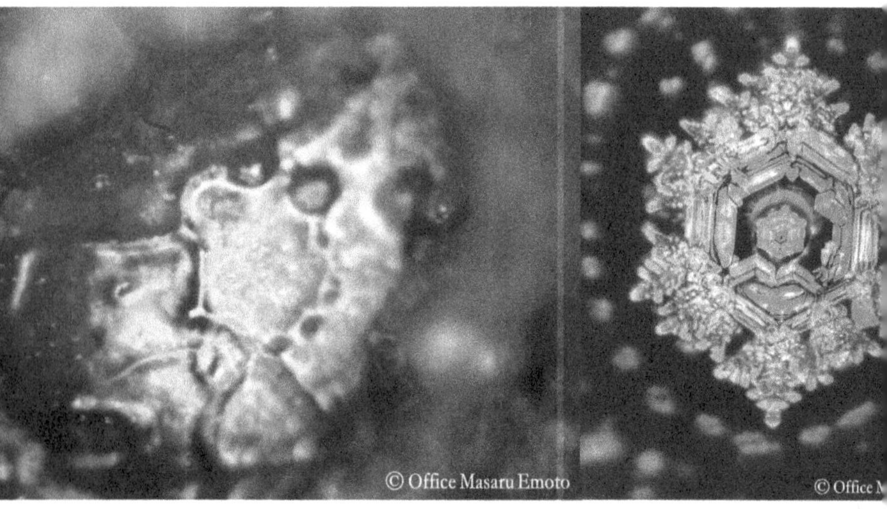


Dr. Emoto führte zudem Experimente mit einer Gruppe von fünfhundert Probanden durch, die positive Gedanken und Gebete an das Wasser schicken sollten, das auf dem Schreibtisch eines Kollegen in Los Angeles stand – über achttausend Kilometer entfernt. Durch die Gebete wurde das Wasser in wunderschöne Wasserkristalle umgeformt – siehe dieses bezaubernde Bild!

Das Aussenden solcher Gedanken der »Liebe und Dankbarkeit« wäre eine sehr einfache und zugleich äußerst effektive Lösung gegen das Austreten der Strahlung von Fukushima in den Pazifik sowie das Auslaufen von radioaktiv verseuchtem Wasser aus der Atommülldeponie Hanford in den Columbia River im Staat Washington gewesen. Für Dr. Emoto stehen nur die Wissenschaftler und die Behörden der Umsetzung einer solchen Lösung im Wege – denn höchstwahrscheinlich würden sie nicht glauben, dass so etwas wirklich funktionieren kann.[52]

Oder anders gesagt: Ihr konditioniertes Glaubenssystem ist wohl tatsächlich die einzige Hürde, die eine Säuberung von Fukushima und Hanford verhindert.

Dr. Emoto sagte, er sei vor ungefähr 52.000 Jahren oder 720 Leben von den Plejaden gekommen, um das Bewusstsein zu erhöhen und diese Welt zu einem besseren Ort zu machen. Jetzt befindet er sich in der fünften Dimension und arbeitet mit plejadischen Wissenschaftlern in der fünften und sechsten Dimension zusammen, um das Wasser der Erde zu reinigen. Wie er

---

52 Siehe hierzu das englischsprachige Interview mit Professor Gerald Pollack in *Out of This World Radio* vom 3. Juni 2016, das Sie sich unter http://outofthisworld1150.com/guests/ gerald-pollack/ anhören können.

sagt, erhalten wir Hilfe von den Plejadern, der Hohlen Erde und anderen Mitgliedern der Galaktischen Allianz, um das Wasser dieses wunderschönen Planeten zu reinigen.

## Gechannelte Aussagen zur aktuellen Lage

Die Galaktische Allianz teilte mir im März 2022 mit, dass zur Heilung von Menschen auch Med-Betten eingesetzt werden, wie sie bisher in den Geheimen Weltraumprogrammen Anwendung fanden. Allerdings kommen sie auf absehbare Zeit nur denjenigen Menschen zugute, die aus DUMBs gerettet wurden, und den Soldaten, die in den geheimen unterirdischen Anlagen so viel Entsetzliches gesehen und erlebt haben.

Diese Med-Betten, die der Menschheit bereits in den 1950er Jahren erstmals von den Plejadern zur Verfügung gestellt wurden, erschaffen ein gesundes Hologramm des Körpers, durch das ein Mensch von fast jeder Krankheit geheilt werden kann. Die kriminellen Eliten verfügen schon seit Jahrzehnten über diese Technologie, und in den nächsten Jahren werden die Med-Betten zum Nutzen aller freigegeben werden. Die Galaktiker sagen, dass diese wundervollen Geräte fast jeden körperlichen Zustand heilen können, aber sie können die DNA nicht wiederherstellen, wenn sie durch mRNA-Impfstoffe verändert wurde. Die Urquelle, der Ursprung jeglicher Schöpfung, kann ihre DNA jedoch heilen. Die Galaktiker empfehlen daher, mit tiefer Überzeugung und aus vollem Herzen dieses einfache Gebet zu sprechen: »Ich bitte den obersten

Schöpfer, mich vollständig vom Impfstoff zu heilen. Ich bin jetzt geheilt und weiß, dass es wahr ist.«

Dr. Emoto sagte immer, dass »Gott Wasser ist« und »Wasser ist Gott«. Da wir zu siebzig Prozent aus Wasser bestehen und die Erde ebenfalls zu siebzig Prozent aus Wasser besteht, können wir uns selbst und unsere DNA mit Gebeten und positiven Gedanken heilen. Das Emoto-Büro in Tokio verwendet Wasser, um Menschen zu heilen, indem es die Schwingungen des Wassers entsprechend programmiert.

## Jeder sollte Emotos Werk studieren

Lassen Sie mich noch darauf hinweisen, dass die große Künstlerin, Musikerin und Friedensaktivistin Yoko Ono über Masaru Emoto schrieb: »Er hat uns allen auf diesem Planeten eine ganz wichtige Botschaft hinterlassen, die uns heute und für immer von großem Nutzen ist und sein wird.«[53] Sie fährt fort, dass jeder auf der Erde die Botschaft des Wassers kennen sollte, und ihr Dank geht »an diese [Emotos] revolutionäre und notwendige Arbeit für die Menschheit«. So schließt sich hier der Kreis zum Titel meines Buches, der die deutsche Übersetzung einer Textzeile aus dem Song *Imagine* von John Lennon ist, dem langjährigen Lebensgefährten von Yoko Ono, dessen Leben und Werk nicht weniger revolutionär war.

---

53 Hier und im Folgenden zitiert nach Masaru Emoto, *Die Botschaft des Wassers – Das Vermächtnis*, EchnAton Verlag, Ramerberg 2021.

*Wasser, es tut uns leid,*
*Wasser, bitte verzeih uns,*
*Wasser, wir lieben dich,*
*Wasser, wir danken dir.*

# 10

# Die Galaktische Allianz

Dank meiner Freundschaft mit R. Scott Lemriel, dem Autor des Buches *The Seres Agenda* (Die Seres-Agenda), kam ich bereits vor einigen Jahren mit Torwellian in Kontakt, dem Botschafter der Galaktischen Allianz. Diese uns wohlgesinnte Allianz besteht aus vierhundertfünfzig Millionen Planeten in unserem Drittel der Milchstraße. Sie umfasst ungefähr sieben Billionen größtenteils – aber nicht ausschließlich – menschliche Wesen. Wir stammen von ihnen ab und sehen wie sie aus, denn die menschliche Spezies ist schon äußerst alt.

Die Galaktische Allianz ist uns technologisch zwischen fünfzig- und hunderttausend Jahre und auf spiritueller Ebene zwischen dreißig- und fünfzigtausend Jahre voraus. Auch die Plejader und die Bewohner der Hohlen Erde sind Mitglieder der Galaktischen Allianz. Ihr offizieller Name lautet Galaktische Allianz Interdimensionaler Freier Welten.

Die gute Nachricht für die Menschheit lautet: Wir erhalten inzwischen echte Hilfe von der uns wohlgesinnten Galaktischen Allianz. Hier nur eines von vielen Beispielen: Im Frühjahr 2014 trieb eine riesige Schadstofffahne mit radioaktiv verseuchtem Wasser von Fukushima über den Pazifik direkt Richtung Seattle an der US-amerikanischen Westküste. Ihre Strahlung betrug das Zehnfache der Strahlung von sämtlichen Atombomben, die seit Hiroshima und Nagasaki gezündet worden waren.

Mir bereiteten diese Berichte große Sorgen, und deshalb ließ ich das Wasser vor der Küste von Seattle, genauer gesagt des Bundesstaates Washington, im April und Mai dieses Jahres auf seinen Strahlungsgehalt testen. Kurz zuvor hatte Präsident Obama (der von den Reptiloiden und weiteren negativen Wesenheiten kontrolliert wird) alle acht radiometrischen Messstationen des Bundes schließen lassen. Gouverneur Jay Inslee hatte in Washington das Gleiche getan und so wurden in diesem Bundesstaat keinerlei Strahlungsmessungen auf Landes- oder Bundesebene mehr durchgeführt.

Zur selben Zeit erhöhte Präsident Obama die sogenannten »akzeptablen« Strahlungswerte aus Atomunfällen um das Zehnfache auf unglaubliche 10.000 Rad.

Damit kann nun wirklich niemand, der verstrahlt wird, im US-amerikanischen Gerichtswesen mehr irgendwelche Rechtshilfe in Anspruch nehmen.[54]

Da im Bundesstaat Washington keine Tests von staatlichen oder Bundesbehörden mehr durchgeführt wurden, musste ich also private Tests vornehmen lassen – und ich bat das Büro von

---

54 Eine umfangreiche Dokumentation dazu in englischer Sprache findet sich unter https://www.agreenroadjournal.com/2014/01/epa-covered-up-and-hid-fukushima.html (aufgerufen am 18. März 2022).

Edmund Gerald »Jerry« Brown, der noch bis 2019 Gouverneur von Kalifornien war, um Unterstützung. Sein Büro stimmte zu, sämtliche von mir gewünschten Strahlungstests kostenlos durchzuführen, da weder Obama noch Inslee (der im Wahlkampf als »Umweltschützer« aufgetreten war) dazu bereit waren. Ich möchte an dieser Stelle Gouverneur Brown meinen herzlichen Dank dafür aussprechen.

Wie die Testergebnisse zeigten, war SÄMTLICHE Strahlung aus dem Reaktorunfall von Fukushima komplett verschwunden (vgl. die Laborbefunde in Anhang B). Gouverneur Brown ließ im Mai 2014 Tests vor der kalifornischen Küste durchführen, die zu denselben Ergebnissen kamen. Daraufhin gab er am 1. Juni des Jahres eine Pressemitteilung heraus und verkündete voller Freude, dass die Strahlung von Fukushima komplett verschwunden war. Allerdings wurde diese wunderbare Nachricht nur im Bundesstaat Kalifornien per Fernsehen, Radio und über die Presse verbreitet, nirgendwo sonst wurde sie auch nur mit einem Wort erwähnt.

Seitdem hat mir die Galaktische Allianz in Botschaften mitgeteilt, dass wir alle beim Erschaffen eines wunderschönen, strahlenden und glücklichen Planeten Mitschöpfer des Höchsten Wesens sind! Sie und insbesondere die hoch entwickelten Zivilisationen der Hohlen Erde haben Fukushima und den Pazifik von der Strahlung bereinigt. Das ist für die Galaktische Allianz ein sehr alter technologischer Prozess, der zum letzten Mal vor 52.000 Jahren bei den Plejadern zum Einsatz kam, und zwar nach einem Bürgerkrieg, in dem Atomwaffen Millionen von Opfern forderten. Deshalb ist der Einsatz von Nukleartechnologie außerhalb der Erde heute bei allen anderen hochentwickelten Zivilisationen der Galaxis verboten.

# Wassergebet für Fukushima (Ho'oponopono)

Während meines Besuchs bei James Guilland auf seiner Ranch am Mount Adams im Bundesstaat Washington im Juli 2015 wurde mir die Botschaft übermittelt, dass wir alle sehr machtvolle spirituelle Wesen sind. Wie mir unsere Freunde aus der Galaktischen Allianz mitteilten, wünschen sie sich, dass wir mit ihnen und dem Höchsten Wesen gemeinsam daran arbeiten, die Fukushima-Strahlung zu beseitigen.

Die Strahlung von Fukushima wurde von der Galaktischen Allianz und den Bewohnern der Hohlen Erde nicht komplett bereinigt. Sie möchten, dass auch wir unseren Beitrag dazu leisten. Wir würden nie aus unseren Fehlern lernen, solange wir nicht auch bei der Korrektur dieser Fehler eine Rolle spielen. Sie benötigen bei der Beseitigung der Fukushima-Strahlung unsere positive Energie und unsere Gebete.

Als mir Dr. Emoto und die Galaktische Allianz in jenem Jahr ihre Bitte um Gebete kommunizierten, sagten sie auch, wir sollten den Menschen, insbesondere den Kindern von Fukushima, heilende Liebe und heilendes Licht senden. Dr. Emoto bat außerdem darum, dass alle Leserinnen und Leser dieses Buches dreimal täglich folgendes Gebet sprechen und während des Sprechens goldenes Licht und Liebe aussenden:

*Wasser, es tut uns leid,*
*Wasser, bitte verzeih uns,*
*Wasser, wir lieben dich,*
*Wasser, wir danken dir.*

Das ist eine von vielen Möglichkeiten, durch die wir alle bei der Säuberung von Fukushima mithelfen können. Wie Jack Kennedy so treffend gesagt hat: »Wir sind sehr machtvolle spirituelle Wesen; wir sind hier, um eine wunderschöne, harmonische und liebevolle Erde zu erschaffen.« Dieses Gebet war Dr. Emotos liebstes Heilgebet und beruht auf Ho'oponopono, einem traditionellen Verfahren der Hawaiianer zur Beilegung von Konflikten und Vergebung. Es wird bei ihnen – und inzwischen überall auf der Welt – zu Heilzwecken eingesetzt.

Die wörtliche Übersetzung von Ho'oponopono lautet »machen (ho'o) richtig (pono) richtig (pono)«. Das Gebet wird gesprochen, um Beziehungsprobleme jeglicher Art zu lösen. Es ist nach einem gleichbleibenden Muster aufgebaut:

Es tut mir leid (ich nehme das Problem an).
Bitte verzeih mir (wenn ich dich oder andere bewusst oder unbewusst verletzt habe).
Ich liebe dich (ich liebe mich und dich bedingungslos; ich sehe das Göttliche in dir).
Danke (dass ich das Problem erkennen und heilen durfte).

Früher wurde dazu ein sogenannter »Kahuna«, ein hawaiianischer Arzt, hinzugezogen, um Probleme in einer Familie aufzudecken, Vergebung zu praktizieren und sich gegenseitig von Schuldzuweisungen, Groll und Schuldgefühlen freizusprechen. Die Hawaiianer wussten, dass Konflikte und unausgesprochener Ärger letztlich zu Krankheiten führen.

## Gechannelte Aussagen zur aktuellen Lage

Die Galaktische Allianz sagte mir im März 2022, dass wir gerade im Begriff sind, alle als Einheit zusammenzukommen. Sobald wir Frieden und Harmonie auf der Erde erreicht haben, wird dies ein Modell für den Rest des Universums sein, um ein neues Miteinander zu leben. Wir alle tragen den Funken des Schöpfers in uns, und ganz gleich, woher wir kommen oder welcher Spezies wir angehören, wir sind alle Ausdrucksformen Gottes. Und wenn wir uns weiterentwickeln und aufsteigen, werden wir schließlich alle zu Lichtwesen werden.

Viele andere Zivilisationen jenseits dieses Planeten beobachten jetzt, welche Art von Entscheidungen wir treffen, denn die

Art von Entscheidungen, die wir treffen, wird nicht nur diesen Planeten, sondern das gesamte Universum beeinflussen. Von allen Planeten in diesem Universum ist es auf der Erde am schwierigsten, eine positive Veränderung herbeizuführen. Aber auf ihm kann man auch die meisten Lektionen lernen und sich spirituell am schnellsten weiterentwickeln.

Da wir alle den Funken Gottes in uns tragen, können wir uns alle mit diesem Funken verbinden und eine neue Welt erschaffen, wann immer wir wollen. Das ist auch die wichtigste Lektion von Dr. Emotos großartiger Arbeit.

Er hat gezeigt, dass unsere Gedanken durch die Kraft der Liebe wunderschöne Kristalle erschaffen können. Wir sind Schöpfer in der Liebe des Schöpfers. Die Liebe ist die mächtigste Kraft im Universum – wenn wir diese Tatsache einmal erkannt haben, ist nichts mehr unmöglich.

Die Galaktiker sagen auch, dass Mutter Erde bereits mit dem Aufstieg begonnen hat.

Sie wartet nun darauf, dass die Menschheit nachzieht, und die Galaktiker wissen, dass wir einen wunderschönen neuen, friedlichen Planeten schaffen werden!

# Erläuterungen zur Galaktischen Allianz

Bei der Fertigstellung der deutschen Ausgabe meines Buches sprach mich mein Verleger Michael Nagula darauf an, welcher Unterschied denn besteht zwischen der Galaktischen Allianz, auf die ich mich häufig beziehe, und der Galaktischen Föderation der Welten, die seit einigen Jahren sehr intensiv für die Menschen dieses Planeten im Rahmen der Erdallianz mit Aufräumarbeiten in Bezug auf negative Aliens, unterirdische Militäranlagen und Tunnelsysteme (DUMBs) sowie den Deep State beschäftigt ist. Da dies ein sehr wichtiger Punkt ist, möchte ich das im Folgenden kurz erläutern.

Was die Galaktische Allianz und die Galaktische Föderation der Welten betrifft, so beziehen sich die beiden Begriffe auf zwei verschiedene – wenn auch ähnliche – Gruppierungen. Wie ich bereits schrieb, ist die Galaktische Allianz ein Bündnis von vierhundertfünfzig Millionen Planeten mit etwa sieben Billionen Wesenheiten in diesem Teil der Milchstraße. Im Vergleich dazu ist die Galaktische Föderation eine Gruppe fortgeschrittener Zivilisationen mit Sitz auf dem Jupiter und dem Saturn. Ihr Hauptstützpunkt befindet sich auf dem Saturn, wo Vertreter von etwa zweihundertvierzig der ihr angeschlossenen Völker einander begegnen. Auch die Föderation ist friedliebend, aber es ist eine andere Gruppe als die Galaktische Allianz.

Der offizielle Name der Galaktischen Allianz lautet »Galaktische Allianz Interdimensionaler Freier Welten«. Ihr Arbeitsbereich lässt sich vielleicht am besten vergleichen mit dem, wofür die Vereinten Nationen eigentlich stehen sollten, nämlich hier auf dem Planeten Erde den Frieden zu sichern, die Menschenrechte zu schützen und ganz allgemein dabei zu helfen, dass man auf dieser Welt besser zusammenarbeitet. Die Galaktische Föderation der Welten hingegen ist eine kleinere, ebenso friedliebende Gruppe, der zahlreiche verschiedene menschliche außerirdische Völker angeschlossen sind, die derzeit im Rahmen der Erdallianz sehr intensiv und auf denkbar positive Weise an der Befreiung der Erde von negativen außerirdischen und irdischen Einflüssen beteiligt sind. Das halte ich für eine wichtige Ergänzung zu den Informationen von Elena Danaan und Michael E. Salla, die ich beide bereits als Gesprächspartner in meiner Radioshow begrüßen durfte und deren Arbeit ich sehr schätze und jederzeit empfehlen kann.

Im Januar 2022 habe ich auch mit den Plejadern über dieses Thema gesprochen, und sie haben mir diese Unterschiede genauer erklärt, weil ich eingeladen worden war, der Galaktischen Föderation beizutreten. Sie sagten mir, dass es besser sei, neutral zu bleiben, obwohl meine Hauptkontakte zu den Plejadern und der Galaktischen Allianz bestehen. Ich bin mit dem plejadischen Admiral Hallisouris befreundet; er ist ein sehr gütiger und wohlwollender Mensch aus der fünften Dimension, der für die 2,5 Millionen plejadischen Schiffe verantwortlich ist, die derzeit den Planeten umkreisen.

Ich hoffe, diese Erläuterungen tragen dazu bei, die im vorliegenden Buch getroffenen Aussagen noch nachvollziehbarer und klarer zu machen. Auf den folgenden Seiten werde ich immer wieder einmal auf die Galaktische Allianz zu sprechen kommen, und Sie erhalten nach und nach weitere Informationen über diese wundervolle Organisation.

# 11

# Wir alle sind machtvolle spirituelle Wesen

## Botschaften aus der Galaxis

### *Unser Zuhause – die Milchstraße*

Wir alle sind machtvolle spirituelle Wesen. Andere außerirdische Gruppen nennen uns sogar »das genetische Königsgeschlecht«. Obwohl wir Menschen sind, verfügen wir über die DNA-Stränge von zweiundzwanzig verschiedenen, außerirdischen Rassen. Seit Jahrtausenden wurde an unserer DNA herumgebastelt. Jack Kennedy sagt, wenn er nicht ermordet worden wäre, würden wir inzwischen Botschafter mit anderen, uns wohlgesinnten außerirdischen Rassen austauschen und wir hätten die Möglichkeit, einige unserer Vorfahren kennenzulernen. Wir als Menschen könnten mehrere hundert Jahre alt werden, anstatt nur das weltweit durchschnittliche Alter von 72,5 Jahren zu erreichen.

In dem Teil der Milchstraße, in dem sich die Erde befindet, gibt es zwei Hauptgruppen von Außerirdischen. Das sind einerseits die Galaktische Allianz – eine positiv gesinnte Gruppe, die von Liebe und dem Dienst an anderen lebt – und anderseits die Reptiloiden – eine negativ gesinnte, die von Krieg und Hass lebt und sich nur um sich selbst kümmert.

Über die Geschichte dieser beiden Gruppen gibt es viel zu erzählen. Kurz gesagt, gab es zwischen ihnen vor etwa fünfhunderttausend Jahren einen Krieg, in dem der Planet Maldek zerstört wurde, der eine Umlaufbahn zwischen Mars und Jupiter beschrieb, und der Mars einen Großteil seiner Atmosphäre verlor. Bei dem Asteroidengürtel jenseits des Mars handelt es sich um das, was von Maldek übriggeblieben ist.

Diesen Krieg vor einer halben Million Jahren hat die Galaktische Allianz gewonnen. Die beiden Seiten unterzeichneten ein Abkommen und vereinbarten darin im Wesentlichen, sich nicht in die Angelegenheiten der Menschen auf der Erde einzumischen; im Austausch dafür wurden beiden Seiten Stützpunkte für wissenschaftliche Forschungen auf der Erde zugestanden. Die Reptiloiden richteten ihre Basen unter anderem im Kongo in Afrika sowie in Brasilien im Amazonasgebiet ein, die Galaktische Allianz unter anderem in Norwegen sowie am Mount Shasta in Kalifornien.

Doch seit der Vertragsunterzeichnung herrscht ein aktiver kalter Krieg zwischen den beiden Gruppen, der auch heute noch andauert. Der Vertrag wurde von den Reptiloiden unzählige Male gebrochen.

Die Erde befindet sich am Rand eines Arms weit links in der Milchstraße, direkt dort, wo viele Handelsrouten vorbeiführen. Der Wandel, der gerade auf unserem Planeten vor sich geht, wird vom gesamten Universum verfolgt.

Laut dem Seher Nostradamus wird diese Transformation im Jahr 2038 abgeschlossen sein. Unser Planet war die letzten fünfhunderttausend Jahre relativ isoliert, doch damit ist es jetzt vorbei. Die Galaktische Allianz freut sich schon darauf, die Erde als Vollmitglied willkommen zu heißen.

Botschafter Torwellian von der Galaktischen Allianz ist einer der wichtigsten außerirdischen Vertreter, mit denen ich Kontakt hatte – eine wunderbare Person, die aussieht wie Anfang dreißig, aber schon etwa zehntausend Jahre alt ist.[55]

Ich habe das große Glück, dass die Galaktische Allianz, wenn ich irgendwo unterwegs bin, zu meinem Schutz immer mehrere Raumschiffe abstellt. Das vermeintliche Wolkenfoto zeigt ein solches Raumschiff, das im Juni 2016 über einer von mir veranstalteten jährlichen Konferenz namens »Galactic Wisdom« in Olympia, Washington, auftauchte.

Diese Raumschiffe erscheinen gewöhnlich nachts, und dann stets in derselben Formation aus fünf Lichtpunkten mit einem größeren Lichtpunkt in der Mitte. Tagsüber zeigen sich derartige Raumschiffe oft in einem blauen Farbton.

Botschafter Torwellian stammt vom Volk der Seres. Seine Rasse ist uralt, und es gibt sie schon seit Milliarden von Jahren. Er ist wie gesagt zehntausend Jahre alt, und wenn er das möchte, kann er bis zu fünfundzwanzigtausend Jahre leben. Er sagt, die Menschen auf den am höchsten entwickelten, von ihnen besiedelten Planeten leben durchschnittlich tausend Jahre lang.

---

55 Bildquelle: Vesna Perkorva aus Kroatien – Botschafter Torwellian; mir zur freien Verfügung gestellt per eMail am 1. April 2017.

Sie erinnern sich an all ihre früheren Leben, daran, warum sie geboren wurden und welche Lektionen sie zu lernen haben. Auf den meisten von Menschen bewohnten Planeten wird telepathisch kommuniziert. Geld kommt als Tauschmittel nicht zum Einsatz. Er sagt, Geld sei ein Konzept der Reptiloiden. Zur Galaktischen Allianz gehören die Plejader, die Arcturianer, die Bewohner von Andromeda, die uns wohlgesinnten Zivilisationen der Hohlen Erde und viele andere Gruppen.

Für die Reptiloiden – sowie die von ihnen kontrollierten Robotersklaven, die wir Greys und Tall Whites oder Große Weiße nennen – sind die Menschen so etwas wie Vieh oder ... nun ja, Hühner. Diese Spezies ist ständig auf der Jagd nach Rohstoffen und betrachtet die Erde und ihre Bewohner als nützliche »Ressourcen«, die lediglich dazu dienen, ausgebeutet zu werden. Sie halten sich selbst für die Krone der evolutionären Kette und verfügen durchaus über hochentwickelte Technologien. Auf uns Menschen blicken sie herab – sie halten uns für minderwertig, weil sich unsere Spezies noch in der Entwicklung befindet. Ihrer Ansicht nach haben wir den »Gipfel« unserer Entwicklung nie erreicht. Sich selbst betrachten die Reptiloiden in ihrer Arroganz jedoch als »vollkommen«.

Wie mir meine galaktischen Freunde erzählt haben, griffen die Reptiloiden vor etwa fünfzehntausend Jahren in die menschliche Entwicklung auf dem Planeten ein und kreuzten sich mit uns. Sie erschufen hybride »königliche Familien« oder »Königsgeschlechter« mit reptiloidem und menschlichem Erbgut. Prinzessin Diana bezeichnete die englische Königsfamilie als »die Echsenmenschen«. Die sogenannten »königlichen Familien« auf der Erde sind ihrem Wesen nach tatsächlich Reptiloide. Königsgeschlechter und hierarchische Gesellschaften gibt es auf anderen Planeten mit hochentwickelten menschlichen

Zivilisationen überhaupt nicht, sondern nur bei den Reptiloiden, deren Gesellschaft klar hierarchisch aufgebaut ist. So etwas wie ein »freier Wille« hat sich dort nicht entwickelt, weil bei ihnen alles kontrolliert und gesteuert wird. Reptiloide »Königsfamilien« kennen nur »Pflicht« und »Ehre«.

In der Fernsehserie *Star Trek* mit William Shatner, die ursprünglich in den 1960er Jahren ausgestrahlt wurde, ging es um die Politik der Nichteinmischung – und die gilt im Allgemeinen auch hier auf der Erde, mit ein paar wichtigen Ausnahmen. Die Erde selbst liegt an einer Handelsroute zwischen anderen Sternensystemen in der Milchstraße. Es gibt auf ihr viele Zeittore und Dimensionsportale. Neben der Fülle an Rohstoffen, die er aufweist, ist der Planet für die Reptiloiden und ihre Verbündeten sehr wertvoll.

Die Reptiloiden sind auf Rohstoffe aus und deshalb versuchen sie, andere Welten und Planeten durch Handel und Überredungskünste zu erobern. Sie halten sich selbst für die klügste und gerissenste Spezies des Universums. Ihr Nervensystem funktioniert dreimal so schnell wie das unsere. Sie verfügen über sehr starke mediale Fähigkeiten und sind in der Lage, unsere Gedanken zu lesen, noch bevor wir dazu übergehen können, sie auszuführen. Sie sind ein furchterregender Gegner. Allerdings sind sie vom Urschöpfer abgeschnitten – sie müssen andere Welten erobern, um überleben zu können.

Seit langer Zeit tun die Reptiloiden und ihre Verbündeten – die Greys und Tall Whites – der Erde das an, was sie schon in zweiundzwanzig anderen Sternensystemen gemacht haben, immer auf die gleiche Weise: Sie nehmen zunächst Kontakt mit den Eliten eines Planeten auf und bieten ihnen spezielle Vorteile. Im Austausch dafür reduzieren sie die Bevölkerung des Planeten. Wenn diese um neunzig oder fünfundneunzig Prozent dezimiert ist, steht den Reptiloiden eine von ihnen »beherrschbare Sklavenbevölkerung« für die Gewinnung von Ressourcen zur Verfügung. Sind sämtliche Ressourcen erschöpft, zerstören sie den gesamten Planeten mit einer Antimaterie-Bombe.

Nach dem erfolgreichen Aushandeln einer illegalen Vereinbarung mit dem US-amerikanischen Präsidenten Dwight D. Eisenhower in den 1950er Jahren installierten die Reptiloiden eine »Massenvernichtungswaffe«, so groß wie ein halber Güterwaggon. Die Vereinbarung mit Ike erlaubte es ihnen, Menschen zu »entführen« und zu »studieren«. Im Austausch dafür erhielten die Vereinigten Staaten von ihnen Technologien für den Kampf gegen die Sowjetunion während des Kalten Krieges.

Wegen dieser »Bombe« kann die Galaktische Allianz die Transformation des Planeten nur äußerst langsam angehen, da die Reptiloiden sonst versuchen könnten, die Bombe zu zünden und die Erde zu vernichten. Doch hinter den Kulissen arbeiten die galaktischen Alliierten hart daran, uns in jeder Hinsicht so gut wie irgend möglich zu unterstützen. Und ich weiß, mit ihrer Hilfe sind wir gerade im Begriff, auf diesem Planeten die entscheidende Wende herbeizuführen.

Als Präsident Eisenhower mit den Reptiloiden verhandelte, standen diese auch in Verhandlungen mit der Sowjetunion. Sie boten ihnen denselben Deal an, also die Weitergabe ihrer Technologie an das sowjetische Militär im Austausch für die Erlaubnis, Menschen zu entführen und zu »studieren«. Leider gestanden sowohl die Sowjets als auch die Amerikaner den Reptiloiden und den Greys im Austausch gegen deren Technologie die Entführung von Menschen zu. In Folge dieser illegalen Vereinbarung mit den Amerikanern wurden seit den 1950er Jahren allein in Amerika etwa sechs Millionen Menschen von den Greys und den Reptiloiden entführt. Nur eineinhalb Millionen dieser Entführungsopfer wurden zurückgebracht, der Rest wurde von den Reptiloiden gegessen – Menschenfleisch ist für sie eine große Delikatesse – oder in die Sklaverei verkauft. Zum Glück wurde diesen Entführungen vor kurzem von der Galaktischen Allianz Einhalt geboten.

Die Greys, eine Sklavenspezies der Reptiloiden, wollen auf diesem Planeten vor allem unsere menschliche DNA »ernten«, um so ihre eigene Spezies vor dem Aussterben zu bewahren. Wie Botschafter Torwellian erklärt hat, leiden die Greys unter der sogenannten »Progenese«, einer allmählichen Verschlechterung ihrer DNA.

Sie pflanzen sich nicht wie wir Menschen fort, sondern klonen sich. Das Problem bei ständigem Klonen ist der zunehmende Abbau der DNA. Es ist, als ob man von einem Bild eine Kopie macht und dann eine Kopie von der Kopie und immer so weiter – irgendwann ist das eigentliche Bild nicht mehr erkennbar. Wie mir meine galaktischen Freunde erzählt haben, wurden auch die Greys vor Jahrtausenden von den Reptiloiden erobert und dann genetisch verändert, um den Reptiloiden als Sklavenrasse zu dienen.

Reptiloide und Greys kennen keinen freien Willen. Dieses Konzept ist ihnen völlig fremd, denn in ihrer Kultur muss alles kontrolliert werden – und alles *wird* kontrolliert.

Botschafter Torwellian ist der Meinung, dass genau deshalb viele negative Elemente in der US-amerikanischen Regierung alles »kontrollieren« und »überwachen« wollen, denn die US-amerikanische Regierung wird wiederum zum allergrößten Teil von den Reptiloiden und den Greys kontrolliert. Laut dem Medium Alex Collier, das mit der Andromeda-Galaxis in Kontakt steht, sind die Reptiloiden in der Lage, Zeitreisen durchzuführen und haben herausgefunden, dass wir Menschen auf der Erde sie in einer bestimmten Zeitlinie in etwa dreihundert Jahren aus diesem Teil des Universums vertreiben werden. Alex sagt, sie seien aus der Zukunft gekommen, um die Geschichte zu verändern.[56]

Die Greys wollten ihren Genen nicht nur mehr Lebenskraft einpflanzen, sie nahmen auch ein Hybridisierungsprogramm in Angriff, durch das sie versuchten, das Erbgut von Menschen und außerirdischen Greys miteinander zu verbinden. Sie starteten das Programm aus mehreren Gründen, aber nicht zuletzt deshalb, weil die Erdatmosphäre für die Greys zu viel Sauerstoff enthält, Hybridwesen mit menschlicher und Grey-DNA dagegen in unserer Atmosphäre problemlos überleben und gedeihen können. Wie Professor David M. Jacobs von der Temple University festgestellt hat, werden diese Hybriden inzwischen unter die Bevölkerung der Vereinigten Staaten und anderer Länder gemischt.[57]

Diese Hybriden mögen zwar menschlich »aussehen«, sind aber in Wahrheit teils Grey, teils menschlich und stehen unter Kontrolle der Greys und der Reptiloiden. Die Greys machen also mit uns genau das, was ihnen vor Jahrtausenden von den Reptiloiden angetan wurde – sie erschaffen eine kontrollierbare

---

56 Diese und andere Informationen enthält Alex Colliers Buch *Defending Sacred Ground*, veröffentlicht 1996 – verfügbar auf seiner Webseite http://www.alexcollier.org/alex-collier-defending-sacred-ground-1996/ oder direkt unter https://www.alexcollier.org/alex-collier-defending-sacred-ground-1996.pdf; ein Transkript auf Spanisch findet sich auf https://www.bibliotecapleyades.net/andromeda/andromedacom_sp.htm. – Keine deutsche Ausgabe.

57 Ein Interview mit David M. Jacobs findet sich auf https://tedmahr.wixsite.com/outofthisworld/david-jacobs. Sein Buch *Alien-Hybriden* erschien im AMRA Verlag, Hanau 2017. Der Untertitel lautet: »Sie sind mitten unter uns. Der Plan der Außerirdischen, die Menschheit zu unterwerfen.« – In dem Buch *Greys* (AMRA Verlag, Hanau 2018) von Marcel Polte werden auch Entführungen in Deutschland nachgewiesen. Es liegt außerdem auf Englisch vor.

und leicht zu steuernde Spezies. Doch da ihre eigene Spezies genetisch vor dem Aus steht, ist dieser Versuch letztlich zum Scheitern verurteilt.

Einer der negativen Auswüchse dieser Agenda der Reptiloiden und der Greys ist das geheime Chemtrail-Programm in der Atmosphäre unserer Erde.

Es findet weltweit statt, aber ich kann hier nur für die Situation in den Vereinigten Staaten sprechen. Bei uns wird in den Massenmedien normalerweise nicht davon berichtet, denn neunzig Prozent unserer Massenmedien werden von lediglich sechs Unternehmen kontrolliert. Sie haben wiederum fast alle direkte Verbindungen zum US-amerikanischen Militärisch-Industriellen Komplex, vor dem uns bereits Präsident Eisenhower 1961 eindringlich warnte.[58]

Meistens versprühen die Flugzeuge Aluminium, Barium, Strontium und Schwefel sowie zahlreiche biologische Wirkstoffe, die nach weitläufiger Meinung die Morgellon-Krankheit und weitere gesundheitliche Probleme verursachen. In einer ländlichen Gegend im Osten des Bundesstaates Washington, in Moses Lake, wo ich bis Oktober 2014 gewohnt habe, versprühte die U.S. Navy zum Beispiel alle zwei Tage große Mengen dieser Chemikalien, manchmal nur vierzig Meter vom Boden entfernt, aus Orion-P-130-Flugzeugen. Sie flogen so niedrig, dass man manchmal sogar die Piloten erkennen konnte.[59]

---

58 Eisenhowers vollständige Rede steht im Original auf http://whowhatwhy.org/2016/01/17/he-told-us-so-president-eisenhowers-military-industrial-complex-speech/. Dort finden Sie auch ein Video der amerikanischen TV-Ausstrahlung vom 17. Januar 1961 (aufgerufen am 18. März 2022).

59 Diese beiden Fotos stammen aus einer Serie selbstgemachter Aufnahmen.

# Chemtrails

Als ich in Moses Lake wohnte, ließ ich dort Luft, Wasser und Fische auf Schwermetalle testen, und die Ergebnisse waren alarmierend (vgl. Anhang C über Chemtrail-Tests). Wie die von mir beauftragten Tests ergaben, lag der Aluminium-Gehalt der Luft zehntausend Mal höher als normal, bei Barium und Strontium lagen die Werte sechstausend und achttausend Mal höher; auch die Schwefelwerte waren hoch.

Die Fische aus dem Moses Lake wiesen ebenfalls extrem hohe Werte auf, so dass sie nicht mehr zum Verzehr geeignet waren und der Verzehr eine Gefahr darstellte. Die U.S. Navy versprühte im Sommer 2014 buchstäblich tonnenweise Schwefel; gleichzeitig stiegen die Temperaturen vor Ort auf sechsunddreißig bis dreiundvierzig Grad Celsius und sogar darüber. Das war ganz offensichtlich ein Versuch, die Außentemperaturen massiv in die Höhe zu treiben. Der Schwefel erhöhte die Lufttemperatur, während Wälder in Flammen aufgingen. Bei den Bränden verloren viele Menschen ihre Häuser. Ich glaube, die Navy und die Regierung – letzten Endes jedoch die Reptiloiden – sind für diese Zerstörung verantwortlich. Auch der weltberühmte Unternehmer und Pharma-Mäzen Bill Gates bezahlte hunderte Millionen von Dollar für das Versprühen des Schwefels, wo doch die Temperaturen im östlichen Washington ohnehin schon sehr, sehr hoch waren.[60]

Doch warum sollten die U.S. Navy und ausgerechnet Bill Gates im östlichen Washington, insbesondere in Moses Lake, solche Chemikalien versprühen?

---

60 Den ausführlichen Bericht können Sie nachlesen auf http://www.geoengineeringwatch.org/bill-gates-funds-scheme-to-spray-artificial-planet-cooling-sulfur-particles-into-atmosphere/ (aufgerufen am 18. März 2022).

Meine galaktischen Freunde hegen die Vermutung, die von den Reptiloiden kontrollierte U.S. Navy tut dies, um die Erde dem Heimatplaneten der Reptiloiden, Draco, ähnlicher zu machen und sie so zu verändern, dass sie sich besser für die Reptiloiden und weniger gut für uns Menschen eignet. Gleichzeitig würde die menschliche Bevölkerung durch Krankheiten wie zum Beispiel Krebs dezimiert. Wie mir gesagt wurde, herrschen auf Draco immerhin Temperaturen von sechzig Grad Celsius – einer der Gründe für das Versprühen von Schwefel in der Atmosphäre hier bei uns, um die Temperatur künstlich hochzutreiben.

Wer schon einmal in einer der Wüstengegenden von Arizona oder New Mexico war, weiß, dass dort die Schlangen und Eidechsen aktiv werden, wenn es sehr heiß wird – lässt die Temperatur nach, halten sie eher eine Art Winterschlaf. Auch deshalb wurde der Stützpunkt Area 51 nördlich von Reno im Bundesstaat Nevada, gut hundertfünfzig Kilometer von Las Vegas entfernt, in der Wüste eingerichtet. Die gemeinsame Basis des US-Militärs und der Reptiloiden befindet sich mitten im heißen Wüstengebiet von Four Corners, wo die Bundesstaaten New Mexico, Colorado, Utah und Arizona aneinandergrenzen.

Die Flugzeuge der U.S. Navy über Moses Lake, Washington, versprühen zudem große Mengen an Barium und Strontium, chemische Stoffe, die zu Totgeburten und Unfruchtbarkeit führen – ein weiterer Versuch, die Bevölkerung in diesem Gebiet auf illegale Weise zu dezimieren.

Aluminium wiederum, das auch versprüht wird, führt dazu, dass sich die beiden Frontal- oder Stirnlappen im menschlichen Gehirn trennen, und das verursacht Alzheimer und Demenz. Die Rate dieser Erkrankungen ist in Moses Lake auffällig hoch. Weiterhin kommt es zu durch Chemikalien verursachter Bronchitis und Lungenentzündung.

Laut Therese Aigner, einer Umweltberaterin aus Pennsylvania, müsste die gesamte Gegend umgehend evakuiert werden, würden in Moses Lake die Vorgaben der Occupational Safety and Health Administration (OSHA), also die Arbeitsschutzrichtlinien des US-amerikanischen Arbeitsministeriums, Anwendung finden (siehe Anhang C).

## Implantate

Wie bringen die Reptiloiden und die Greys uns Menschen unter ihre Kontrolle, so dass wir selbst diese gefährlichen chemischen Stoffe versprühen, die die genannten Krankheiten verursachen? Nun, die Betreffenden haben keinen freien Willen mehr. Vor 1986 setzten die Reptiloiden und die Greys Metallimplantate zur Kontrolle und Beeinflussung der Menschen auf der Erde ein. Nach 1986 implementierten sie über Satelliten eine neue Technologie, mit der alle Menschen mit negativen Implantaten auf der niedrigeren Astralebene der vierten Dimension infiziert wurden. Mit Hilfe dieser Implantate können die Greys und die Reptiloiden die Bevölkerung kontrollieren und negativ stimmen.

Bill Gates hat bei der weltweiten Implementierung dieser negativen Implantate über Computer und das Satellitensystem eine Schlüsselrolle gespielt. Seine Zusammenarbeit mit den Reptiloiden begann im Jahr 1996. Damals wurde er vor die Wahl gestellt: Entweder würde sein Unternehmen Microsoft zerschlagen oder er könnte seine Firma behalten, falls er zur Zusammenarbeit bereit war. Seitdem arbeitet Gates mit den Reptiloiden und anderen negativen Kräften in der US-Regierung zusammen. Er steht inzwischen selbst unter ihrer Kontrolle.

Aufgrund der elektromagnetischen Implantate werden nun viele Menschen auf dem Planeten ständig kontrolliert. Diese Geräte der vierten Dimension sind für das menschliche Auge meist unsichtbar, kontrollieren und steuern aber das menschliche Verhalten auf sehr reale Weise. Die Implantate arbeiten mit Angst und hindern die Menschen daran, nach spirituellen Lösungen und Antworten zu suchen. Stattdessen werden sie in einem Zustand fortwährender Angst gehalten – zur Freude und Erbauung der Greys und der Reptiloiden, denn sie ernähren sich von der Angst und Negativität dieser Ebene.

Es gibt zwei Typen von Implantaten: **(a)** oberflächliche Implantate, die manche Menschen – auch ich – haben entfernen lassen, und **(b)** eine Art Implantat, das mit der Seele der jeweiligen Person verbunden ist. Auch diese Implantate können entfernt werden, aber nur mit Hilfe der Galaktischen Allianz. Wer diese Unterstützung benötigt, kann ganz einfach jeden Abend zehn bis fünfzehn Minuten lang die Silbe »hu« sprechen.

»Hu« ist ein uraltes Mantra und mit dem englischen »human« verwandt. Das tägliche Aufsagen schenkt Frieden und Gelassenheit und ist eine Art Warnflagge für die Galaktische Allianz mit der Bitte, beim Entfernen dieser Implantate zu helfen. Die Galaktische Allianz hilft Menschen auch bei fast allen anderen Umständen oder Problemen (vgl. »Spirituelle Schutzmaßnahmen – das Hu und weißes Licht« im Anhang).

Die meisten – wenn nicht sogar alle – Regierungsoberhäupter weltweit werden nach wie vor von diesen negativen Implantaten kontrolliert, und durch den negativen Einfluss der Reptiloiden auf die US-Regierung wurde Washington, D.C., zur Implantat-Hauptstadt der Welt.

In Washington, D.C., wurden Anführern wie Shinzo Abe, bis 2020 Premierminister von Japan, und Justin Trudeau, dem

Premier von Kanada, während ihres Besuchs bei Präsident Obama Implantate eingesetzt. Die Sicherheitskräfte während Obamas Amtszeit waren Reptiloide und Greys, die all seine Handlungen kontrollierten. Laut Botschafter Torwellian von der Galaktischen Allianz tragen sie um ihre Taillen schwarze Kästchen, über die sie den Präsidenten steuern.

Auf YouTube gibt es ein Video, das einen dieser außerirdischen »Sicherheitsagenten« mit Präsident Obama zeigt. Es wurde 2012 vom israelischen Fernsehen anlässlich eines AIPAC-Gipfels aufgenommen. Ein angeblich »menschlicher« Sicherheitsagent von Obama wandelt darin ständig die Gestalt, vom Menschen zum außerirdischen Grey/Reptiloiden. Schaut man sich Fotos von Obama an, sieht man, dass derselbe Agent bei fast allen Auslandsreisen dabei war.[61] Wie die Galaktische Allianz mitteilt, kontrollierte das Wesen den Präsidenten und regierte die Vereinigten Staaten während seiner Amtszeit. Obama hatte keinen freien Willen mehr.

Doch es gibt auch eine gute Nachricht: Während ich diese Zeilen schreibe, arbeitet die Galaktische Allianz still und leise daran, diese Implantate zu neutralisieren und uns Menschen unseren freien Willen zurückzugeben.

Wir Menschen sind von Natur aus freundlich, gütig und liebevoll, und deshalb weiß ich: Sobald diese Implantate erst einmal entfernt sind, werden die Menschen sich dafür entscheiden zusammenzuarbeiten, um einen wunderschönen neuen Planeten zu erschaffen, auf dem sie in Harmonie und Frieden leben werden.

---

61 Dieses Video mit dem Titel »Obama's Alien & Reptilian Spotted at AIPAC 2011/2012 – Finding UFO« ist auf YouTube einsehbar unter https://www.youtube.com/watch?v=ZR7WbCrJEsg. (aufgerufen am 18. März 2022).

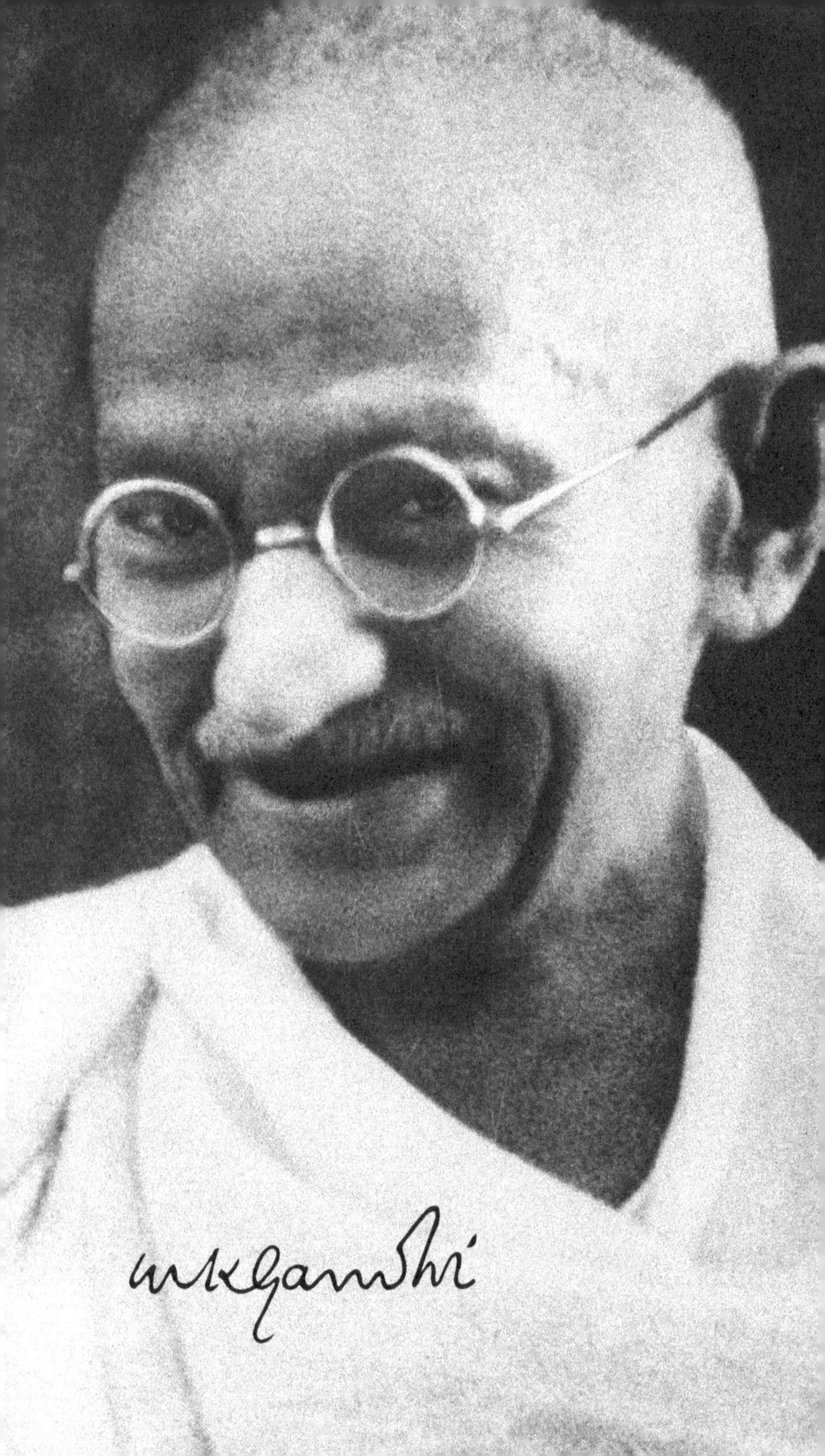
mkgandhi

# 12

# Mahatma Gandhi

Während ich Botschaften von der Galaktischen Allianz empfing, nahm auch Mohandas Karamchand Gandhi (1869-1948) mit mir Kontakt auf, genannt Mahatma Gandhi.[62] Er wollte mir eine Botschaft der Gewaltlosigkeit für die Menschheit übermitteln. Wie er sagt, ist Gewaltlosigkeit für den positiven Wandel der Gesellschaft ganz besonders wichtig, weil auf diesem Planeten eine enorme Veränderung vor sich geht.

Jack Kennedy hat ja bereits angemerkt, dass sich dieser Wandel von unten nach oben vollzieht. Oder anders ausgedrückt, der positive Wandel geht von der Menschheit selbst aus, von den unzähligen Menschen und nicht von den sogenannten »Anführern« des Planeten. Und Professor Albert Einstein, auf dessen Leben und Denken Gandhi starken Einfluss nahm, sagte: »Wir sollten danach streben, ohne Gewalt für un-

62 Bildquelle: https://de.wikipedia.org/wiki/Mohandas_Karamchand_Gandhi#/media/Datei:Portrait_Gandhi.jpg

sere Sache zu kämpfen … sondern durch Nichtteilnahme an allem, was du für böse hältst.«[63]

Mahatma Gandhi hat gewaltlos für die Unabhängigkeit Indiens vom britischen Empire gekämpft und sie errungen, und das ist auch heute noch seine tiefgreifende Botschaft. Er sagt, wenn wir Negativität mit Negativität bekämpfen, können wir genauso böse werden wie diejenigen, die wir bekämpfen. Um positiven sozialen Wandel zu bewirken und einen besseren Planeten zu erschaffen, ist Gewaltlosigkeit immer das beste Mittel.

Mahatma Gandhi möchte, dass ich der Menschheit von den wunderbaren Veränderungen berichte, die auf diesem Planeten stattfinden werden. Allerdings müssen wir selbst bei der Erschaffung der von uns allen für uns, unsere Kinder und Kindeskinder gewünschten großartigen und lichtvollen Zukunft eine aktive Rolle übernehmen.

Siri Gandhi – die Ehrenbezeichnung »Siri« bedeutet »der schöne Sieg« – zitierte bei unserem Kontakt seinen berühmten Spruch, dass wir alle »der Wandel sein sollten, den wir in der Welt sehen wollen«. Er hat es 1947 geschafft, die Briten durch Gewaltlosigkeit aus Indien zu vertreiben, obwohl die Briten mit Gewalt gegen ihn und seine Anhänger vorgingen.

Siri Gandhi gab auch ein Beispiel für diese Haltung. Er sagte, die Wasserschützer des Indianerreservats Standing Rock in North Dakota konnten der Öl-Pipeline im November 2016 deshalb gewaltlos Einhalt gebieten, weil Abertausende von Menschen sich gegen die Ölkonzerne und andere negative Wesen stellten. Sie waren erfolgreich, weil es auf dem Planeten viel mehr Lichtarbeiter als negative Wesenheiten gibt. Und er

63 Zitiert nach http://www.openculture.com/2013/01/albert_einstein_expresses_his_admiration_for_mahatma_gandhi.html (aufgerufen am 18. März 2022).

brachte noch ein weiteres Beispiel aus dem Jahr 1942 während des Zweiten Weltkriegs in Dänemark. Die Nazis wollten damals an allen Schulen den Schülern ihre Nazi-Doktrin lehren, doch sämtliche Lehrer und Lehrerinnen weigerten sich. Alle Lehrer lehnten sich gegen die Nazis auf und kein einziger musste ins Konzentrationslager. Es waren einfach zu viele. So geht es mit allem, was negative Kräfte der Menschheit aufzwingen wollen. Mahatma Gandhi sagt, unsere Stärke ist unsere zahlenmäßige Überlegenheit. Wir alle sind machtvolle spirituelle Wesen, die hier leben, um auf diesem Planeten Gutes zu tun.

## Ein Channeling Gandhis vom 28. Februar 2022

»Vielleicht fragst du dich: ›Ich bin nur ein Mensch, wie kann ich diese Welt verbessern?‹ Dann freue ich mich, wenn du dich an mein Leben erinnerst und daran, wie ich gezeigt habe, dass wir alle eine enorme Kraft in uns haben, um Gutes für andere und diesen Planeten zu tun.

Die Zukunft dieses Planeten besteht darin, in Frieden und Harmonie zu leben. Und nichts kann euch aufhalten, wenn ihr Gott um Hilfe bittet, denn ihr seid diejenigen, auf die ihr gewartet habt! Ihr alle erschafft eine wunderschöne neue Erde, und Gott und das Universum stehen hinter euch – ich weiß, dass ihr erfolgreich sein werdet!«

CLARISSIMVS MICHAEL NOSTRADAMVS CONSILIARIVS ET MEDICVS REGIVS GALLIÆ ORACVLVM ET PATRIÆ DECVS AN. ÆTATIS LXIII

# 13

# Nostradamus

Nach meinen Gesprächen mit Professor Einstein und seinen Freunden J. Robert Oppenheimer, Nikola Tesla, Senator Robert F. Kennedy, Jack Kennedy, Präsident Eisenhower und Mahatma Gandhi machte mich Professor Einstein mit Nostradamus[64] oder genauer gesagt Michel de Nostredame bekannt.

Bei meinem ersten Kontakt mit dem großen Seher Nostradamus (1503-1566) nahm ich ihn wahr, wie er an seinem hölzernen Schreibtisch saß. In seiner Zeitlinie war es Dezember 1540. Draußen war es kalt, er hatte ein Feuer geschürt, um sich zu wärmen. Die Luft im Zimmer war verraucht, er saß da mit einem Federkiel in der Hand und schrieb gerade alle seine Vierzeiler um, die ursprünglich einen Dritten Weltkrieg und das Armageddon prophezeit hatten. Wie er mich wissen ließ, hat sich im März 2011 durch Fukushima alles verändert.

---

64 Bildquelle: https://de.wikipedia.org/wiki/Nostradamus#/media/Datei:Nostradamus_by_Cesar.jpg

Zuvor hatte Nostradamus eine Reihe von Konflikten und Katastrophen für die Menschheit vorhergesehen. Unter der Führung des Antichristen wäre der Dritte Weltkrieg im Jahr 1993 in den Balkanländern ausgebrochen – dort begann auch der Erste Weltkrieg 1914 – und hätte sich zu einer Reihe von Atomkriegen weltweit ausgebreitet. Auf dieser alten Zeitlinie hatte Nostradamus vor allem in Europa und den Vereinigten Staaten viel Blutvergießen gesehen. Die Einzelheiten zu diesen Geschehnissen hatte er zuvor dem berühmten amerikanischen Medium Dolores Cannon Ende der 1980er Jahre durchgegeben. Sie wurden 1989 in ihrem dreibändigen Werk *Conversations with Nostradamus* veröffentlicht.[65]

Nostradamus freute sich, mit mir sprechen zu können, denn die Zeitlinie hat sich verändert. Es wird seiner Aussage nach keinen Dritten Weltkrieg und kein Armageddon geben. Trotz der konzertierten, gemeinsamen Anstrengungen von negativen Wesenheiten, Tragödien herbeizuführen, werden diese Bemühungen nicht von Erfolg gekrönt sein. Allerdings, so sagte er auch, müsse die Menschheit mehr Verantwortung übernehmen. Wir müssen erkennen, dass wir alle bei der gemeinsamen Erschaffung einer neuen, lichtvollen, wunderbaren Zukunft für diesen Planeten eine wichtige Rolle spielen!

Was übrigens das Reaktorunglück von Fukushima angeht: Laut Nostradamus weiß man in Japan sehr wohl, dass es »menschengemacht« war. Wie er sagt, wurde auf dem Boden des Japanischen Meeres eine Atombombe abgelegt und gezündet, um

---

65 Dieses Werk von Dolores Cannon (1931-2014) gibt es bisher leider nicht auf Deutsch, wohl aber einige andere ihrer mehr als ein Dutzend Schlüsselwerke wie die Trilogie *Das gewundene Universum* oder *Die Wächter des Garten Eden* und *Jesus und die Essener*. Näheres über ihr Leben und Werk findet sich auf der Webseite https://ozarkmt.com/ des noch von ihr gegründeten Verlags Ozark Mountain Publishing.

durch den dadurch verursachten Tsunami alle vier Atommeiler in Fukushima zu zerstören. Die Bombe wurde von einem israelischen Atom-U-Boot dort platziert.

Mit der Atomkatastrophe von Fukushima wollte man Japan dafür bestrafen, dass das Land angereichertes Plutonium an den Iran verkauft hatte. Die Sicherheitssysteme aller vier Reaktoren wurden eine Stunde, bevor der Tsunami auf Fukushima traf, von einem israelischen Unternehmen, das unter Vertrag der Tokyo Electric Power Company (TEPCO) stand, abgeschaltet, damit die Reaktoren explodierten und der Ozean und Japan so stark wie möglich verstrahlt wurden. Wie Nostradamus sagte, hatte diese israelische Firma in Zusammenarbeit mit negativen Wesenheiten den Atomunfall von Fukushima eingefädelt. Die Reptiloiden und andere negative Wesen wollten die Weltbevölkerung durch die dadurch verursachten Todesfälle letztlich um fünfundneunzig Prozent dezimieren.

Wie bereits erwähnt, haben die Reptiloiden und ihre Sklavenspezies der Greys genau dasselbe, was sie jetzt hier auf der Erde versuchen, bereits in zweiundzwanzig anderen Sternensystemen praktiziert. Sie kommen auf einen Planeten, versprechen der Elite ein paar Vorteile, wenn sie mit ihnen zusammenarbeitet, und dezimieren dann die Bevölkerung auf eine, wie sie meinen, »beherrschbare« Anzahl von etwa fünfhundert Millionen Sklaven. Anschließend eignen sich die Reptiloiden sämtliche gewünschten Ressourcen und Rohstoffe an und wenn diese dann erschöpft sind, wird der Planet komplett zerstört.

Nostradamus sagt, dass das auf der Erde nicht passieren darf, weil der Planet für den Aufstieg in höhere Dimensionen vorgesehen ist. Wie mir auch gesagt wurde, erhielt die Galaktische Allianz nach dem Reaktorunfall von Fukushima im März 2011 die Erlaubnis, für das Höchste Wesen – Gott, das

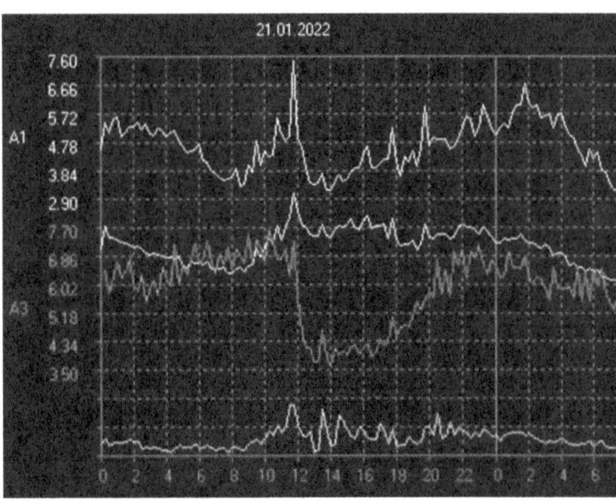


Wesen, das all dies erschaffen hat – zu intervenieren, um den Reptiloiden/Greys und ihren negativen, menschlichen Verbündeten Einhalt zu gebieten.

Und noch etwas hat sich positiv ausgewirkt: Erinnern wir uns daran, dass laut Dr. Emoto achtzig Prozent der Menschen auf diesem Planeten neutral, zehn Prozent positiv und zehn Prozent negativ gesinnt sind. Nur ein Prozent mehr, sagte er, bräuchte sich zum Positiven zu verändern und der gesamte Planet würde sich wandeln. Dank der Unterstützung der Galaktischen Allianz sowie der Bemühungen von Millionen von Lichtarbeitern und der Hilfe von großen, verstorbenen Meistern auf der anderen Seite ist genau das geschehen.

Ausschlaggebend für den Aufstieg ist der energetische Input: Der Planet wurde zwischen dem 5. und 15. September und dann erneut am 23. und 24. September 2016 von enormen, positiven Energiewellen getroffen, was ihm den nötigen Anstoß verlieh, um in höhere Dimensionen aufzusteigen. Zwischen dem 21. Dezember 2016 und 7. Januar 2017 traf eine

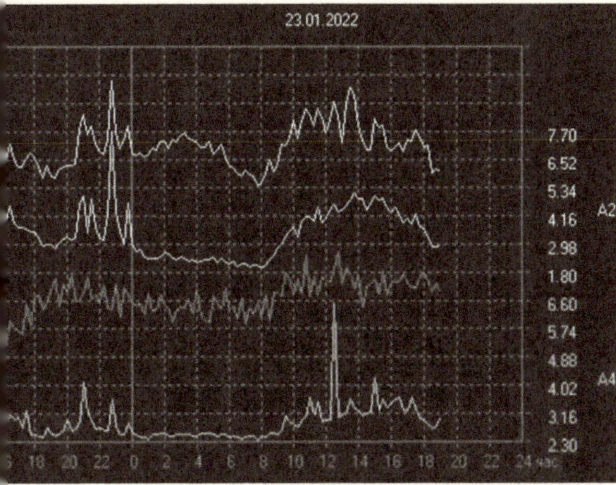


weitere Reihe positiver Energiewellen ein, und am 16. und 17. April 2017 ging die Schumann-Frequenz zunächst auf 90 Hertz hoch (ein nie dagewesener Rekord!) und kletterte dann sogar auf einen Höchststand von 120 Hertz – und seitdem treffen ständig weitere, positive Energiewellen ein![66]

Diese Wellen sind der Beginn einer ganzen Reihe von positiven Energiewellen, die letztlich den gesamten Planeten immer stärker in höhere Dimensionen befördern – laut Dr. Emoto befinden wir uns gerade auf dem Weg dorthin!

66 Daten von der »Space Monitoring Station« in Tomsk, Russland, siehe http://sosrff.tsu.ru/?page_id=12, oder auch das Diagramm der Schumann-Resonanz auf https://whispersfromthesoul.com/2017/05/ (aufgerufen am 18. März 2022).

# 14

# Aufstieg/ Energiewellen

Die Erde ist für den Aufstieg bestimmt, und dieser Prozess hat bereits begonnen. Mächtige, positive Energiewellen treffen zurzeit auf die Erde auf. Zum ersten Mal seit mindestens 25.800 Jahren, dem Zeitzyklus des Maya-Kalenders, hat sich die Erde vom Negativen zum Positiven hin gewandelt. Laut Alfred Lambremont Webre, einem Experten der UFO-Forschung, ist es sogar das erste Mal während der letzten drei Maya-Zeitzyklen, also seit insgesamt 77.400 Jahren, dass eine solche Veränderung vom Negativen zum Positiven hin stattfindet.[67]

Es treffen aber nicht nur Energiewellen auf den Planeten. Der positive Wandel auf der Erde vollzieht sich auch von un-

---

67 Siehe das englischsprachige Audio-Interview mit ihm auf www.outofthisworld1150.com/guests/alfred-lambremont-webre-med-jd/. – Auf Deutsch erschien sein Buch *Das Omniversum* (AMRA Verlag, Hanau 2017) über den Aufbau des Universums, transdimensionale Intelligenz und hyperdimensionale Zivilisationen.

ten nach oben, also durch Menschen wie Sie und mich – und nicht von oben nach unten, durch Regierungen oder Großkonzerne, die uns Veränderungen auferlegen. Wir alle können nun einen echten Beitrag dazu leisten, diese Welt zu einem besseren und glücklicheren Ort zu machen. Laut Jack Kennedy sind wir NICHT »machtlos« – wir alle sind MACHTVOLLE spirituelle Wesen und hier auf der Erde, um einen wunderschönen Planeten zu erschaffen!

Fukushima war eine Tragödie, doch danach geschah etwas wirklich Positives: Sowohl das Höchste Wesen (Gott) als auch die Galaktische Allianz haben eingegriffen und dadurch hat sich die Zeitlinie komplett verändert. Es wird zu keinem Dritten Weltkrieg und keinem Armageddon kommen. Laut Nostradamus sind alle vorherigen Prophezeiungen über drohendes Unheil inzwischen nicht mehr gültig und es wird keinen Weltuntergang geben. Doch wir alle müssen beim Erschaffen dieser Zukunft mitwirken, sie wird uns nicht einfach in den Schoß gelegt. Wir alle sind Mitschöpfer des Höchsten Wesens, und so müssen wir daran arbeiten, gemeinsam diese neue Zukunft zu erschaffen. Die gute Nachricht dabei ist: *Wir erhalten echte Unterstützung!*

Ich darf Ihnen hier ein Beispiel geben: Bereits im November 2016, so berichten meine galaktischen Freunde, versuchten negative Wesen in einer Intrige erneut eine Kernschmelze in Fukushima herbeizuführen, und zwar mit einem weiteren angeblichen »Erdbeben« im Japanischen Meer – genau dort, wo schon im März 2011 ein israelisches U-Boot eine Atombombe gezündet hatte. Das verursachte zwar ein »Erdbeben« oder Seebeben der Stärke 7,4 und die Regierung befürchtete einen weiteren Tsunami, doch die Galaktische Allianz neutralisierte den Effekt der Bombe und es kam zu keiner weiteren Atomkatastrophe in Fukushima, obwohl – wieder – einige Sicherheitssysteme entweder abgeschaltet waren oder bequemerweise nicht funktionierten.[68]

Die negativen Wesen wollen die Menschheit und den Planeten Erde zerstören. Doch ihre Anstrengungen werden letztlich nicht von Erfolg gekrönt sein, weil wir jetzt Unterstützung erhalten und beschützt werden. Die Zeitlinie der Menschheit hat sich von Zerstörung hin zu einer lichtvollen Zukunft gewandelt – so berichtet Nostradamus in unseren Gesprächen. Ich begrüße diesen Wandel, denn das ist eine gute Nachricht für uns alle hier auf dem Planeten Erde, und wir können ein paar gute Nachrichten wirklich gebrauchen!

Wie Nostradamus erklärt, gleicht die Zeit einem Fluss, der je nachdem, wie wir uns entscheiden, in alle möglichen Richtungen fließen kann. Erinnern Sie sich: In Trance sah ich Nostradamus an seinem Schreibtisch sitzen und all seine früheren Vierzeiler mit ihren Prophezeiungen von einem Dritten Weltkrieg und dem Weltuntergang durchstreichen. Er hat seinen Federkiel hervorgeholt und die alten Vierzeiler mit dicken, fetten Federführungen für ungültig erklärt. Nun sitzt er vor einem leeren Stück Pergament und macht sich wieder zum Schreiben bereit. Seine Frage an uns lautet: Welche Art von Zukunft soll er mit unserer Hilfe aufschreiben? Helfen wir dabei mit, eine neue, glückliche Zukunft für die Menschheit zu erschaffen, die auf Harmonie, Liebe und Dankbarkeit aufbaut? Oder machen wir so weiter wie bisher, mit Kämpfen

---

68 Siehe die englischen Berichte »Probe of Fukushima Daini's N°3 Reactor Cooling System Knocked Offline After Earthquake« auf https://nuclear-news.net/2016/11/24/probe-of-fukushima-dainis-n3-reactor-cooling-system-knocked-offline-after-earthquake/ und »Japan earthquake: tsunami warning lifted after 7.4 magnitude quake – as it happened« auf https://www.theguardian.com/world/live/2016/nov/21/japan-earthquake-tsunami-warning-live-updates (inklusive Video) (aufgerufen am 18. März 2022).

und einem Leben in Negativität und Disharmonie? Ich hoffe, Sie alle entscheiden sich für Ersteres, um bei der Erschaffung einer lichtvollen neuen Zukunft für diesen Planeten und die Menschen auf der Erde mitzuwirken!

In seinem Brief über die »Bombe der Liebe« an seine Tochter schrieb Professor Einstein 1955: »Liebe ist Gott und Gott ist Liebe.« Wenn er alles noch einmal machen müsste, dann, so sagte er mir, würde er niemals mehr zur Entwicklung der Atombombe beitragen. Das ist sehr tiefgreifend und wichtig, denn dieselbe Botschaft – dass Nuklearwaffen abgeschafft werden müssen – wurde Präsident Dwight D. Eisenhower übermittelt, als er sich 1953 mit den Plejadern und der Galaktischen Allianz traf. Und eben diese Botschaft schickt auch Dr. Emoto der Menschheit. Liebe und Dankbarkeit sind die wichtigsten und mächtigsten Kräfte auf diesem Planeten, und sie können und werden dabei helfen, diese Erde in einen Ort zu verwandeln, an dem wir in Frieden und Harmonie leben können.

# Gechannelte Aussagen zur aktuellen Lage

Die Galaktiker sagen mir, dass das, was auf der Erde geschieht, jeden anderen Planeten in diesem Sonnensystem, die gesamte Milchstraße und den Rest des Universums beeinflusst. Die Erde ist ein ganz besonderer Ort. Sie wurde geschaffen, damit alle Wesen in Frieden und Harmonie leben können – und damit andere Spezies von uns lernen können, wie sie in ihren eigenen Welten Frieden schaffen können, damit das gesamte

Universum zu einem friedlichen, harmonischen Ort wird. Die Galaktiker sagen, dass auch alle anderen Planeten in diesem Sonnensystem aufsteigen; sie alle haben Zigtausende von Jahren darauf gewartet, dass die Menschheit mit der Erde aufsteigt, während das ganze Sonnensystem, die Milchstraße und das Universum mit ihnen den Aufstieg vollzieht.

Die Zentralsonne dieses Universums strahlt seit unzähligen Jahren hochenergetische, positive Frequenzen auf die Erde, um uns alle zu wecken. Sie führt uns ins Große Erwachen aus einer Ewigkeit des Schlafs. Es ist eine aufregende Zeit für mich und viele andere Lichtarbeiter, denn wir dürfen hier sein und ein Teil dieses Prozesses sein.

Die Menschheit stellt sich der Herausforderung des Aufstiegs, und diesmal werden wir nicht scheitern. Mit Hilfe des Höchsten Wesens steigen wir jetzt alle durch die höheren Energiewellen auf. Wir haben eine wirklich schöne, positiv strahlende Zukunft vor uns.

Ich hoffe, dass jeder, der dieses Buch liest, sich dieser wunderbaren und erstaunlichen historischen Transformation in eine schöne neue Realität anschließen kann, nicht nur auf diesem Planeten, sondern im gesamten Universum. Oder um es mit den Worten des unsterblichen John Lennon zu sagen: »Die ganze Welt wird eins sein!«

# 15

# Zorra und die Menschen der Hohlen Erde

Wir standen früher schon einmal an diesem Scheideweg, vor der Entscheidung, entweder die Straße nach oben zu einem wunderbaren, gütigen Planeten auf der Basis von Liebe und Harmonie zu nehmen oder die Straße, die abwärts führt und auf der wir uns durch Hass, Krieg und Konflikte schließlich selbst zerstören. Vor etwa 12.500 Jahren wurde eine solche Entscheidung getroffen. Damals übernahm die militärische Elite von Atlantis die Kontrolle über diese einzigartige, hochentwickelte Zivilisation und führte einen Atomkrieg herbei, der Atlantis und ebenso leider Lemurien vernichtete.

Viele der Seelen, die seinerzeit dabei waren, sind heute wieder auf der Erde und versuchen, die Dinge zum Positiven zu verändern, um die Fehler der Vergangenheit zu berichtigen. Sie wollen diesmal erfolgreich sein.

Sowohl Professor Einstein als auch Nikola Tesla und Dr. Emoto haben die Zerstörung von Atlantis vor 12.500 Jahren miterlebt. Auch ich lebte zu dieser Zeit, ich war Priester in einem der atlantischen Tempel.

Wir alle versuchten damals, diesen Wahnsinn zu stoppen, doch leider gelang es uns nicht. Diesmal aber werden wir Erfolg haben, denn das Blatt hat sich gewendet und wir bekommen die benötigte Unterstützung.

Als die Menschen von Atlantis zu jener Zeit auch Lemurien zerstörten, entkamen nur fünfundzwanzigtausend Lemurer und konnten sich in der Hohlen Erde unter Mount Shasta in Sicherheit bringen. Glücklicherweise waren sie in der Lage, ihre gesamte Technologie mitzunehmen.

Die Lemurer unter Mount Shasta in Nordkalifornien sind sehr fortschrittliche, liebevolle Wesen. Inzwischen zählt ihre Bevölkerung etwa 1,3 Millionen. Sie kommen uns nun an der Oberfläche der Erde zu Hilfe, damit wir uns nicht selbst vernichten, denn das was hier oben auf dem Planeten passiert, wirkt sich auch direkt auf sie aus.[69]

Nachdem beispielsweise in Fukushima enorme Mengen an Strahlung in die Atmosphäre austraten, ging ein Teil dieser Strahlung in die Hohle Erde, denn die Luftzufuhr für ihre

69 Ich biete jedes Jahr eine Führung zum Mount Shasta und zur Hohlen Erde an – Interessierte können mir unter outofthisworld1150@gmail.com eine eMail schicken. Während meiner Tour 2016 gingen sechs Personen aus Korea tatsächlich nach Telos und Shambhala. Eine solche Reise erfordert viel spirituelle Vorbereitung, auch durch Meditation. Sie hatten über drei Jahre lang meditiert, bevor ihnen der Zutritt in die Hohle Erde für einen Besuch gestattet wurde. Ich behaupte nicht, man müsse drei Jahre lang meditieren, um Telos zu besuchen, aber Meditieren ist als Vorbereitung auf eine solche Reise sicherlich äußerst hilfreich.

unterirdische Zivilisation erfolgt über unsere Atmosphäre an der Oberfläche. Es lag daher ebenso in ihrem wie in unserem Interesse, die Fukushima-Strahlung zu beseitigen.

Seit Anfang 2016 stehe ich mit einem dieser Wesen in Kontakt – Zorra von der Hohlen Erde. Er ist ein wunderbarer, uns wohlgesinnter Lemurer, dem wir Menschen an der Oberfläche sehr am Herzen liegen. Zorra wird von seinem Sohn, Colonel Billie Faye Woodard, gechannelt, der mit seiner Zwillingsschwester Zuria in der Hohlen Erde geboren und am 18. September 1951 an die Oberfläche gebracht wurde, wo er aufgrund seiner außerordentlichen Fähigkeiten eine rasante militärische Karriere erlebte. Er trat mehrere Male in meiner Radio- und Fernsehsendung auf.[70]

Eine der wichtigsten Botschaften seines Vaters Zorra lautet: Wir alle tragen in uns den Funken des Höchsten Wesens – Gottes. Wir können das Höchste Wesen bei allem um Hilfe bitten. Zorra und Billie nannten mir beispielsweise das nachfolgende, besondere Heilgebet zur Weitergabe an die Leser. Bei körperlichen oder spirituellen Problemen jeglicher Art können Sie mit diesem Gebet um Hilfe bitten:

»Fünf, vier, drei, zwei, eins, ich erhalte von Gott (falls Sie ein Mann sind) oder der Göttin (falls Sie eine Frau sind) Hilfe und Heilung für ____________________________* und ich weiß, dass es wahr ist.«

* Führen Sie hier auf, welche Hilfe Sie benötigen.

---

70 Das Audio eines Gesprächs mit ihm findet sich auf http://outofthisworld1150.com/guests/col-billie-faye-woodard/.

Sagen Sie dieses Gebet so oft auf, wie Sie möchten – ich habe das selbst ausprobiert, und es funktioniert sehr gut. Zorra hat mir auch das Bild von sich zukommen lassen, mit dem dieses Kapitel beginnt, und er sagt, es wurde mit heilender Liebe und Licht getränkt. Über sein Bild zu meditieren oder es zu kopieren oder ein Foto auszudrucken und dort am Körper zu platzieren, wo Heilung benötigt wird, hilft wirklich![71]

Wir erhalten intergalaktische und spirituelle Hilfe wie nie zuvor vom Höchsten Wesen, welches das Universum erschaffen hat. Unsere galaktischen Freunde und das Volk der Hohlen Erde sind schon oft eingeschritten und unterstützen uns auf äußerst vielfältige Weise. Während des Kalten Krieges zwischen der UdSSR und den USA hat die Galaktische Allianz zum Beispiel in mindestens acht Fällen die amerikanischen und russischen Atomraketen außer Gefecht gesetzt, damit wir uns nicht selbst vernichten.

## Gechannelte Aussagen zur aktuellen Lage

Es gibt viele verschiedene Zivilisationen in der Hohlen Erde. Es gibt die wundervoll anzusehenden Lemurer aus der fünften Dimension unter dem Berg Shasta in Kalifornien, die dort seit über 12.500 Jahren leben. Damals wurden 25.000 Menschen

71 Das Bild, von dem hier die Rede ist, finden Sie am Anfang von Kapitel 15. Es handelt sich um eine Originalzeichnung von Stephanie Cardinal, die wir mit ihrer freundlichen Genehmigung abdrucken. Zorras Haut ist grün, weil sein Blut auf Kupfer basiert, aber er ist ein Mensch genau wie wir.

dorthin gebracht, kurz bevor der Kontinent Lemurien zerstört wurde. Und es gibt das Volk von Agartha und die Weiße Bruderschaft, die ebenfalls in der Hohlen Erde leben und die ich 2019 traf, als ich den Titicacasee in Peru besuchte.

Sie alle erlebten eine schwere Zeit, als sich im Jahr 2011 Fukushima ereignete. Am Nord- und Südpol gibt es große Löcher, aus denen die Völker der Hohlen Erde ihren Sauerstoff beziehen. Und als Fukushima geschah, begann die Strahlung, während sie sich über die ganze Welt ausbreitete, von beiden Polen in die Hohle Erde zu gelangen. Daraufhin griffen die Menschen von Telos, der Stadt der Lemurer unter dem Berg Shasta, und die Galaktische Allianz ein und begannen, die Strahlung zu beseitigen, weil sie nicht wollten, dass wir uns selbst zerstören – und sie gleich mit.

Ebenso beeinträchtigten die DUMBs ihr Leben, die sich in den letzten Jahrzehnten in immer größerer Zahl rasant ausbreiteten. Die Menschen in diesen Einrichtungen wurden gegen ihren Willen entführt und viele sogar darin gezüchtet, um aus ihnen die Droge Adrenochrom zu gewinnen, Organhandel mit ihnen zu treiben oder Genexperimente mit ihnen und den dort ansässigen Außerirdischen durchzuführen.

Das sind schwere Verstöße gegen das kosmische Gesetz, und die Negativität dieser schrecklichen Orte wirkte sich auch auf die Menschen der Hohlen Erde aus. Sie senkte die Schwingung des Planeten Erde, so dass sie schwerer aufsteigen konnte. Aber inzwischen sind fast all diese DUMBS zerstört. Sie werden auf der Neuen Erde nicht mehr zugelassen.

Wir sind alle miteinander verbunden, sowohl an der Oberfläche als auch unter der Oberfläche. Wir sind alle eins.

16

# Die Neue Erde

Die Neue Erde bauen wir auf dem Fundament von Harmonie und Zusammenarbeit und nicht auf der Basis von Konflikten und Krieg. Wir dienen den anderen, nicht uns selbst. Wie Jack Kennedy sagt, herrschen auf der alten Erde Wettstreit, Disharmonie und Krieg. Sich selbst zu bedienen, beruht auf Negativität, Selbstsucht und Hass. Auf der Neuen Erde leben wir dagegen Zusammenarbeit und Harmonie, Frieden und den Dienst am anderen auf der Basis von Liebe. Menschen mit einer niedrigeren Schwingung werden sich wie eingesperrt fühlen, für sie wird es immer wieder dieselbe alte Leier sein. Wenn sie sich nicht verändern, wechseln sie auf eine Erde mit einer niedrigeren Schwingung, die für sie bereitgestellt wird. Sie werden nicht erkennen, dass die Welt sich verändert hat.

Diejenigen, die ihre Schwingungen erhöhen, werden schließlich ihre Lichtkörper voll entfalten, die hohen Schwingungen des Urschöpfers erfahren – des Höchsten Wesens. Es wird darum gehen, sich besser um den Planeten zu kümmern als bisher. Der Einfluss der Reptiloiden wird schwinden. Sie sind auf Ressourcen aus und wollen Planeten wie die Erde einfach nur ausbeuten. Ihnen ist es egal, ob sie dabei Leben vernichten. Man denke an die Zerstörung der menschlichen Zivilisation zu Zeiten von Atlantis vor 12.500 Jahren. Mutter Erde ist ein lebendes Wesen, sie kann und wird sich wehren. Wir brauchen sie viel mehr als sie uns. Die derzeitigen Überschwemmungen sind ihre Art, sich von der Verschmutzung zu reinigen. Die Zerstörung des Wassers durch Fracking ist nur ein absichtlicher Versuch, sie ihres Herzbluts zu berauben, aber auch dieser Versuch wird scheitern.

Wir haben jetzt den Wendepunkt erreicht, und die aktuelle Zeit spielt für die Zukunft der Menschheit eine entscheidende Rolle. Das, was wir in den nächsten Monaten, Jahren und Jahrzehnten tun, wird für viele Hunderte, ja sogar Tausende von Jahren unsere Zukunft bestimmen!

Ich wurde von Professor Albert Einstein, Nostradamus, J. Robert Oppenheimer, Leonardo da Vinci, Präsident John F. Kennedy, Senator Robert F. Kennedy, Dr. Masaru Emoto, Mahatma Gandhi, Nicola Tesla, Präsident Dwight D. Eisenhower und der Galaktischen Allianz gebeten, das vorliegende Buch zu schreiben, damit die Menschen erfahren, dass wir eine hell strahlende, erleuchtete Zukunft vor uns haben.

Sie alle sagen aber auch, dass wir gemeinsam die richtigen Entscheidungen treffen müssen, damit sich diese Zukunft manifestieren kann, nicht nur für uns selbst, sondern auch für unsere Kinder und zukünftige Generationen.

Dieses Buch soll das Bewusstsein erhöhen, die Welt zu einem weitaus besseren und glücklicheren Ort machen und die Menschen dazu inspirieren, die richtige Wahl zu treffen, um eine bessere Welt zu erschaffen. Das kann auf vielerlei Weise geschehen. Wichtig ist es, damit zu beginnen, den Planeten und seine Mitmenschen mit so viel Liebe, Freundlichkeit und

Respekt wie möglich zu behandeln. Die derzeit ablaufenden Veränderungen geschehen von unten nach oben, durch Menschen wie Sie und mich, die die Welt verändern, um sie zu einem besseren und glücklicheren Ort zu machen.

Da viele Oberhäupter weltweit so lange kontrolliert und gesteuert wurden, würde ich mich nicht auf Hilfe von Seiten der Regierungen dieser Welt verlassen. Vielmehr sollten wir uns darauf konzentrieren, was jeder einzelne von uns für unseren Planeten und all seine Bewohner tun kann.

Wie Jack Kennedy erklärte, sollten diese Veränderungen bereits Anfang der 1960er Jahre während seiner Präsidentschaft eintreten. Da es unsere Bestimmung ist, einen liebevollen, gütigen Planeten zu erschaffen, erfolgen diese positiven Veränderungen jetzt, in dieser Zeit der Wahrheit, und zwar sehr schnell. Falsches wird auf der Strecke bleiben und Wahres noch offensichtlicher zu Tage treten. Das ist Teil unserer natürlichen Evolution in die fünfte Dimension. In der fünften und noch höheren Dimensionen gibt es nur die Wahrheit.

Für die in Dolores Cannons Buchreihe *Conversations with Nostradamus* (Gespräche mit Nostradamus) beschriebene alte Zeitlinie prophezeite Nostradamus bereits für die 1990er Jahre einen Dritten Weltkrieg, ausgehend vom Balkan oder Mitteleuropa. Da wir alle jedoch die bessere Wahl für einen friedlicheren Planeten getroffen haben, hat sich die alte Zeitlinie verändert. Es wird keinen Dritten Weltkrieg geben. Stattdessen, sagt Nostradamus voraus, wird in den 2020er bis 2030er Jahren die Menschheit auf diesem Planeten in eine tausendjährige Phase des Friedens und der spirituellen Blütezeit eintreten und sich in der Folge ein wahres Goldenes Zeitalter für die Menschen entwickeln … Kriege und Armut gehörten dann der Vergangenheit an … und schon sehr bald in dieser tausendjährigen

Friedenszeit werden wir zu einer raumfahrenden Spezies werden – ganz ähnlich wie in der Welt von *Star Trek*.

Ich stimme Nostradamus' Prophezeiungen voll und ganz zu und ich weiß, dass uns eine hell strahlende Zukunft bevorsteht. Dank der positiven Veränderungen, die jetzt begonnen haben, wird der Traum von Präsident Eisenhower und Präsident Kennedy über die Erschaffung eines viel besseren und glücklicheren Planeten Wirklichkeit werden.

Präsident Eisenhower beendete seine berühmte Rede über die Geheimgesellschaften mit den Worten:

> »Wir beten darum, dass Völker jeglichen Glaubens, jeglicher Rasse und jeder Nation ihre großen menschlichen Bedürfnisse befriedigen können; dass diejenigen, denen jetzt Chancen verwehrt werden, sie vollumfassend genießen können; dass alle, die sich nach Freiheit sehnen, ihre spirituellen Segnungen erfahren mögen; dass jene, die in Freiheit leben, sich auch der damit einhergehenden Verantwortung bewusst werden; dass alle, die kein Gespür für die Bedürfnisse und Nöte anderer Menschen haben, Güte erlernen; dass die Geiseln der Armut, der Krankheit und des Unwissens von der Erde verschwinden mögen; und dass mit der Zeit alle Völker friedlich zusammenleben mögen in einem Frieden, dessen Garant die verbindende Kraft gegenseitigen Respekts und gegenseitiger Liebe ist.«[72]

Dr. Emoto bewunderte und respektierte Professor Einstein. Nun, da sie beide auf der anderen Seite weilen, arbeiten sie ge-

---

72 Eisenhowers vollständige Rede steht im Original auf http://whowhatwhy.org/2016/01/17/he-told-us-so-president-eisenhowers-military-industrial-complex-speech/. Dort finden Sie auch ein Video der amerikanischen TV-Ausstrahlung vom 17. Januar 1961 (aufgerufen am 18. März 2022).

meinsam daran, die Menschheit in ihrem Fortschritt und ihrer spirituellen Entwicklung zu unterstützen.

Beide haben mich gebeten, ausdrücklich darauf hinzuweisen, dass die Liebe die mächtigste Kraft im Universum ist.

In seinem berühmten Brief an seine Tochter, »Eine Bombe der Liebe«, schrieb Professor Einstein:

> »Es gibt eine extrem starke Kraft, für die die Wissenschaft bisher noch keine offizielle Erklärung gefunden hat. Es ist eine Kraft, die alle anderen in sich trägt und regelt. Sie steht hinter jedem Phänomen, das im Universum wirkt, und wurde von uns noch nicht identifiziert.
>
> Diese universelle Kraft ist die LIEBE.
>
> Bei ihrer Suche nach einer einheitlichen Theorie des Universums vergaßen die Wissenschaftler die unsichtbare und mächtigste aller Kräfte.
>
> Liebe ist Licht, das denjenigen, der sie gibt und empfängt, erleuchtet. Liebe ist Schwerkraft, weil sie dazu führt, dass sich manche Menschen von anderen Menschen angezogen fühlen. Liebe ist Macht, weil sie das Beste, was wir haben, vermehrt, und nicht zulässt, dass die Menschheit durch ihren blinden Egoismus ausgelöscht wird. Liebe legt offen und enthüllt.
>
> Wir leben und sterben für die Liebe. Liebe ist Gott, und Gott ist die Liebe. Diese Kraft erklärt alles und verleiht dem Leben einen Sinn. Dies ist die Variable, die wir zu lange ignoriert haben, vielleicht, weil wir vor der Liebe Angst haben, weil es die einzige Macht im Universum ist, die der Mensch nicht gelernt hat, nach seinem Willen zu steuern.«[73]

---

73 Der englische Originaltext findet sich auf https://suedreamwalker.wordpress.com/2015/04/15/a-letter-from-albert-einstein-to-his-daughter-about-the-universal-force-which-is-love/ (aufgerufen am 18. März 2022).

Und schließlich fand Dr. Emoto heraus, dass allein schon die Worte »Liebe« und »Dankbarkeit« die schönsten Kristalle erzeugen, die er je fotografiert hat:[74]

Als Dr. Emoto die Macht der Liebe entdeckte, hielt er 2005 eine Rede vor den Vereinten Nationen und rief sein Emoto Peace Project ins Leben, im Rahmen dessen er ein Buch mit der Botschaft der Liebe und Dankbarkeit kostenlos an Kinder verteilen ließ. Hunderttausende Exemplare entstan-

---

74 Bildquelle: Copyright 2022 Office Masaru Emoto LLC.

den, bisher übersetzt in dreißig verschiedene Sprachen.[75] Michiko Hayashi, inzwischen Global Director und Botschafterin des Emoto Peace Project, hat dieses Projekt weitergeführt.[76] Ziel des Programms ist es, Kindern den Wert von Liebe und Dankbarkeit zu vermitteln, damit sie als Erwachsene den Wunsch hegen, eine Welt zu erschaffen, die auf Harmonie und Frieden aufbaut und nicht auf Kampf und Krieg. Das Emoto Peace Project ist ein wunderbares Unterfangen, durch das die Welt viel besser und glücklicher wird, indem Kinder lernen, wie wertvoll Liebe und Dankbarkeit sind.

Wie Nikola Tesla in seinem letzten Interview sagt:

> »Das Leben ist ein Rhythmus, den es zu verstehen gilt. Ich fühle den Rhythmus und lasse mich davon leiten und mich von ihm verwöhnen. Er war sehr wohltuend und gab mir das Wissen, das ich habe. Alles Lebendige ist miteinander in einer tiefen, wunderbaren Beziehung verbunden: der Mensch und die Sterne, Amöben und die Sonne, das Herz und der Kreislauf einer unendlichen Anzahl von Welten. Diese Bindungen sind unzerstörbar, aber sie können friedlich und versöhnlich sein und beginnen, neue und andere Beziehungen in der Welt aufzubauen, ohne die alten zu verletzen.
>
> Wissen kommt von den Sternen; unsere Sicht ist vollkommen. Wir haben zweierlei Augen: die irdischen und die spirituellen. Es ist empfehlenswert, sie eins werden zu lassen. Das

75 Die deutsche Ausgabe trägt den Titel *Die geheimnisvolle Sprache des Wassers*. Sie können es auch als farbiges PDF-eBook kostenlos herunterladen auf https://www.amra-verlag.de/blog.php/gratis-pdf-wasser/.

76 Das Emoto Peace Projekt dauert an. Die Webseite ist https://www.emotopeaceproject.net/water-crystal-gallery. Michiko Hayashi ist auf Facebook erreichbar unter https://www.facebook.com/MichikoHayashiEPP/.

Universum ist lebendig in all seinen Manifestationen, wie ein denkendes Tier. Steine sind denkende und fühlende Wesen, ebenso wie Pflanzen, Tiere und der Mensch. Ein Stern, der am Himmel scheint, möchte gesehen werden, und wären wir nicht so mit uns selbst beschäftigt, würden wir seine Sprache und seine Botschaft verstehen. Der Atem, die Augen und die Ohren des Menschen müssen dem Atem, den Augen und Ohren des Universums entsprechen.«[77]

Weiter sagte er: »Das ganze Universum ist sich zeitweise seiner selbst und unserer überdrüssig, denn wir haben diese Erde sehr schlecht behandelt.« Aber er bemerkte auch: »Wir müssen diese Wahrheiten erlernen, um geheilt zu werden. Das Heilmittel findet sich in unserem Herzen – und im Herzen der Tiere, die wir das Universum nennen.«

Anders ausgedrückt müssen wir, um uns selbst und auch den Planeten und das Universum zu heilen, nach Antworten in unserem Herzen suchen. Dort finden wir jegliches Wissen. Und dazu gehört das Wissen, dass die ganze Welt eins ist – wir alle sind Teil dieses wunderschönen Universums.

# Ein Ausblick auf die Neue Zeit

Wie wird das Leben auf der Neuen Erde aussehen? In den Hochkulturen der Plejader und Telos kommunizieren die Men-

77 Hier und im Folgenden wird zitiert nach https://www.steamgifts.com/discussion/WA4IN/teslas-sad-last-interview-im-a-defeated-man-i-wanted-to-illuminate-the-whole-earth (aufgerufen am 18. März 2022).

schen bereits telepathisch. Sprache wird nur in zweiter Linie verwendet; die Menschen sagen einander dadurch immer die Wahrheit. So wird es auch bei uns sein. Die Regierungen sind viel kleiner, weil es nicht mehr darum geht, die Menschen zu regulieren und zu kontrollieren, zumal sie jetzt viel verantwortungsbewusster handeln. In Zukunft wird die Regierung nur noch dazu da sein, die Beziehungen zwischen der Menschheit und außerirdischen Zivilisationen zu pflegen.

Es wird auch keinerlei Kriege mehr geben, weil die Menschheit weiß, dass sie eins ist. Mutter Erde wird als heilig betrachtet. Sie wird verehrt und gehegt und nicht mehr missbraucht. Geld wird immer noch benutzt, aber man misst ihm nicht mehr die Bedeutung bei, die es heute hat, denn es gibt Freie Energie und alle Krankheiten sind beseitigt, so dass die Menschen viel länger – und glücklicher – leben.

Zwar haben die Menschen nach wie vor ihre »Jobs«, aber sie arbeiten nur noch etwa vier Stunden am Tag und verbringen den Rest ihrer Zeit mit anderen erfüllenden Aktivitäten, an denen sie Freude haben, wie Kunst, Schreiben oder Wissenschaft. In der westlichen Welt arbeiten die Menschen heute fünf Tage die Woche, um am Wochenende »Freizeit« zu haben, in anderen Teilen der Welt oft sogar rund um die Uhr. Aber in unserer neuen Welt gibt es keinen Unterschied mehr zwischen Arbeit und Freizeit. Arbeit und Freizeit sind eins – die Menschen dürfen endlich tun, was ihnen Spaß macht.

Es ist die Bestimmung des Planeten Erde, ein Paradies zu sein. Das ist es, was wir gerade im Begriff sind zu schaffen und was uns in der Zukunft erwartet!

# 17

# Das Goldene Zeitalter

Alle großen verstorbenen Meister sprechen davon, dass wir Menschen machtvolle spirituelle Wesen sind und es uns bestimmt ist, diesen Planeten zu einem wahrhaft schönen Ort zu machen. Der Urschöpfer hat die Erde für den Aufstieg in die fünfte und höhere Dimensionen vorgesehen, und nichts kann diesen Aufstieg aufhalten. Allerdings haben wir als Mitschöpfer des Höchsten Wesens eine Verantwortung: Wir müssen uns um Gottes Schöpfung kümmern und in diesem evolutionären, spirituellen Prozess Hilfe leisten.[78]

Beim Erschaffen der großartigen neuen Welt geht es, wie Professor Einstein gesagt hat, »nicht nur um das technische Problem der Sicherung und Erhaltung des Friedens, sondern auch

---

78 Das Bild der Erde am Anfang von Kapitel 17 zeigt die »Blue Marble« genannte Aufnahme der Erde, die während des Fluges von *Apollo 17* zum Mond am 7. Dezember 1972 entstand. Bildquelle: https://de.wikipedia.org/wiki/Erde#/media/Datei:The_Earth_seen_from_Apollo_17.jpg.

um die wichtigen Aufgaben der Bildung und Aufklärung«.[79] Freiheit ist für ihn eine wesentliche Voraussetzung für diese lichtvolle neue Welt, denn »ohne diese Freiheit hätte es weder Shakespeare noch Goethe noch Newton, weder Faraday noch Pasteur noch Lister gegeben.«

Er fügte hinzu: »Die Wissenschaft hat dem Menschen die Möglichkeit gegeben, sich von schwerer Arbeit freizumachen. Sind Krieg und Eroberungen die Ideale des Menschen, werden diese Werkzeuge jedoch so gefährlich wie Rasierklingen in der Hand eines dreijährigen Kindes.«

Sein Bild vom Menschen ist klar: »Wir dürfen die menschliche Erfindungskraft und sein geduldiges Erobern der Kräfte der Natur nicht verurteilen, nur weil sie falsch genutzt werden. Das Schicksal der Menschheit hängt völlig von ihrer moralischen Entwicklung ab.«

Ich hoffe, alle Leser und Leserinnen dieses Buches erschaffen mit mir und all meinen Freunden aus der Geistigen Welt gemeinsam dieses wunderbare neue Goldene Zeitalter!

---

79 Hier und im Folgenden wird Professor Einstein zitiert nach dem Video »Albert Einstein, In his Own Voice« auf https://www.facebook.com/watch/?v=1630971483597329 (aufgerufen am 18. März 2022).

# Anhänge

# Anhang A

## Kontakt mit der Geistigen Welt und Beweise für die andere Seite

Wir verfügen alle über mediale Fähigkeiten, und mit dem entsprechenden Training findet jeder von uns Kontakt zur anderen Seite. Geistwesen, die auf die andere Seite gegangen sind, kommunizieren über Gedanken aus den höheren Dimensionen mit uns. Wenn Sie also gerne mit einem verstorbenen Verwandten, einem Freund oder einer Freundin sprechen möchten, brauchen Sie einfach nur zu meditieren. Sitzen Sie ruhig da und schicken Sie Liebe und Licht an die Person, mit der Sie in Verbindung treten möchten. Liebe ist die mächtigste Kraft des Universums und sozusagen die »Währung« der höheren Dimensionen.

Wir sind immer von Geistwesen von der anderen Seite und aus anderen Dimensionen umgeben. Sie zeigen sich uns auf ganz unterschiedliche Weise. Und eine der einfachsten Möglichkeiten für sie, uns ihre Anwesenheit mitzuteilen, sind Fotos.

Auf einem Flug von Vancouver nach Tokio hatte ich mitten in der Nacht zwölftausend Meter über dem Pazifik die Eingebung, den Mond zu fotografieren. Es war eine traumhafte, mondhelle Nacht. Als ich die Aufnahme machte, war darauf

ein wunderschöner Engel zu sehen. Manche Bereiche sind rosa eingefärbt; das ist die Farbe der Liebe.[80]

Ich arbeite schon lange als Medium und meine Trefferquote ist sehr hoch. Nicht immer werde ich dabei von Menschen angesprochen, die Kontakt mit geistigen Wesenheiten aufnehmen wollen, manchmal kontaktieren mich auch geistige Wesenheiten, weil sie ihrer Familie oder Freunden Botschaften und Ratschläge übermitteln wollen.

Diese Tätigkeit als Übermittler übe ich jetzt seit fünfundzwanzig Jahren aus, und meine spirituelle Reise in diesem Leben nahm sogar noch früher ihren Anfang, im Februar 1978, als ich bei einer Geschwindigkeit von fast einhundertachtzig Stundenkilometern frontal mit dem Fahrzeug eines betrunkenen Fahrers zusammenstieß. Ich fuhr einen VW Käfer, er einen Pontiac Bonneville. Beim Aufprall schlug mein Kopf hart auf das Lenkrad, dabei wurde mein Kiefer zertrümmert und mein Hörvermögen geschädigt. Ich hätte leicht sterben können, aber wie ich inzwischen weiß, war meine Zeit für den Wechsel auf die andere Seite noch nicht gekommen. Später wurde mir mitgeteilt, dass wir alle eine bestimmte Anzahl Jahre hier auf der Erde vereinbart haben. Mein Vertrag läuft über siebenundachtzig Jahre. Ich bin jetzt sechsundsechzig und habe somit laut Vertrag noch weitere einundzwanzig Jahre, um mich weiterzuentwickeln und meine Seelenaufgabe zu erfüllen.

Einige Monate nach meinem Umfall erholte ich mich auf der Farm meiner Eltern am Stadtrand von Olympia, Washington. Bei einem Spaziergang in ihrem vier Hektar großen Waldgrundstück voller wunderschöner, zeitloser Kiefern sah ich durch den feinen Nebel eines morgendlichen Frühlingsregens

---

80 Bild eines Engels auf dem Flug von Vancouver nach Tokio. Quelle: Ted Mahr.

die Sonne durchkommen. Ich blickte zum hell strahlenden Licht hinauf und erkannte so deutlich wie nie zuvor, dass ich bei jenem Autounfall nicht gestorben war, weil ich noch viel zu erledigen habe. Ich hatte eine Aufgabe!

Gelebte Medialität liegt bei uns in der Familie. Meine Pflegemutter Teri war ein Meistermedium. Im Jahr 1994 begann sie bei mir mit Hellsehen. Ich werde nie vergessen, wie ich das erste Mal in ihr Wohnzimmer ging und sie mit mir arbeitete. Sie las alles, was so in meinem Kopf vor sich ging, mit hundertprozentiger Genauigkeit. Dann gab sie mir alle Antworten auf meine Fragen, noch bevor ich sie stellen konnte. Von diesem Zeitpunkt an bis zu ihrem Tod im Jahr 2012 lehrte sie mich, wie ich mit der anderen Seite in Kontakt treten kann. Mit ihrer Hilfe unterzogen mich die Geistwesen unzähligen Tests, um sicherzustellen, dass ich ihre Botschaften auch wirklich korrekt empfing. Ich bin ihr und meiner wunderbaren geistigen Familie unermesslich dankbar für ihre so vielfältige Hilfe!

Und auch mein Vater unterstützte mich auf meinem medialen Weg. Nach seinem Tod im März 1999 kontaktierte er meine Pflegemutter. Mit seiner Hilfe erhielt ich spirituelle Führung und beständige Rückblicke auf mein Leben. Normalerweise erhält man so einen »Lebensrückblick« erst, wenn man stirbt. Dabei lässt man alle Gedanken, Handlungen und Taten Revue passieren, nicht nur aus der eigenen Perspektive, sondern auch aus der Sicht aller daran Beteiligten, auch der von Tieren. Dank der Hilfe meines Vaters und Teris erhalte ich seit 1994 – also seit fast drei Jahrzehnten – ständig solche Rückblicke.

Laut meiner geistigen Familie habe ich mich dank ihrer Hilfe bereits über dreihundert spirituelle Leben hinweg weiterentwickelt. Setzt man für jedes spirituelle Leben achtzig Erdenjahre an, sind das über 24.000 Jahre. Daher bin ich nun in der Lage, in die Vergangenheit, Gegenwart und Zukunft zu blicken. Ich kann Gedanken lesen und Auren sehen. Für mich ist ein Gespräch mit jemandem in der fünften oder einer noch höheren Dimension, wie mit Präsident Kennedy und anderen verstorbenen Größen, genauso einfach, wie eine Unterhaltung mit jemandem hier in der dritten Dimension zu führen. Ich kann mich mühelos und jederzeit telepathisch zum Beispiel mit Botschafter Torwellian von der Galaktischen Allianz oder Zorra von der Hohlen Erde unterhalten.

Ich glaube, jeder Mensch kann mit der anderen Seite sprechen, aber manchmal haben wir nicht genug Selbstvertrauen, um diese Fähigkeiten zu entwickeln. Ich hatte mit meiner wunderbaren Pflegemutter Teri sehr viel Glück.

Sie unterstützte mich darin, meine medialen Fähigkeiten zu erkennen und auszubilden. Als Meistermedium half sie der Polizei im Raum Seattle, Washington/USA, vermisste Kinder ausfindig zu machen, und sie war darin sehr gut. Es war allerdings, wie sie mir erzählte, eine deprimierende Arbeit, weil sie dabei manchmal auch bei der Suche nach ermordeten oder missbrauchten Kindern involviert war.

Die geistigen Wesenheiten auf der anderen Seite ließen mich wissen, dass die physischen Strukturen der fünften Dimension genauso real sind wie die der dritten Dimension. Sie unterscheiden sich jedoch insofern, als geistige Wesenheiten mit uns in der dritten Dimension meistens über Gedanken kommunizieren. Natürlich gibt es noch weitere Kommunikationswege, etwa über Tiere, Wolken oder bestimmte Gegenstände … Bei mir ist es so, dass sie für mich manchmal einen Penny materialisieren. Ich nenne das »meinen Penny aus dem Himmel« – meistens liegt er dann direkt vor mir und mit dem Gesicht von Abraham Lincoln nach oben. Mir ist das viele,

viele Male passiert. Wenn ich zum Beispiel lange Strecken fahre und Rast einlege, finde ich, wenn ich zum Auto zurückkomme, manchmal einen »Penny aus dem Himmel« auf dem Boden direkt vor der Autotür. Auf diese Weise teilt uns die Geistige Welt mit, dass sie bei uns ist und uns beschützt.

Geistige Wesenheiten kommunizieren auch gern durch Licht, besonders bei Sonnenuntergängen, bei denen dann Lichtkugeln auftauchen, sogenannte Orbs. Um diese Orbs sehen zu können, macht man am besten ein Foto, darauf erscheinen sie dann im Licht. Manche können sie aber auch mit bloßem Auge erkennen. Ich habe das schon unzählige Male gemacht, und da jede geistige Wesenheit eine bestimmte Frequenz und damit auch immer eine ganz bestimmte Farbe hat (sie hängt von ihrer Seelenaufgabe und ihrer spirituellen Entwicklung ab), weiß ich immer, wer da gerade bei mir ist. Mein wunderbarer, liebevoller Vater hat zum Beispiel eine rötliche Farbe, mein Bruder Robert zeigt sich als blauer Orb. Meine Schwester Lisa wiederum hat eine grünlich-gelbe Farbe, und Tante Sophie ist strahlend weiß. Rot kann sehr kraftvoll sein. Blau ist ein Hinweis darauf, dass das betreffende geistige Wesen an seiner Seelenaufgabe interessiert ist.[81]

Wenn Sie mich als Orb wahrnehmen würden, hätte ich in Ihrer Wahrnehmung wegen meines Interesses an meiner Seelenaufgabe eine blaue Aura. Weiß ist die vollkommene Farbe, die Gott, dem Urschöpfer, am nächsten kommt. Gelb ist eine Farbe des Glücks und Grün hat mit Heilung zu tun. Ärzte und Kran-

81 Ausführliche Informationen über Orbs, ihre Heilkraft und Botschaften, inklusive einer farbigen Fotostrecke, finden Sie in dem Buch *Orbs – Lichtboten der größeren Realität* (AMRA Verlag, Hanau 2011/2021) des Ehepaars Dr. Klaus und Gundi Heinemann. Begleitend dazu liegen mit *Orbs – Der Schleier hebt sich* auch eine DVD von Randy und Hope Mead sowie die CD *Music for Orbs* vor, die den Kontakt mit diesen geistigen Wesenheiten erleichtert. Näheres hierzu auf www.AmraVerlag.de.

kenpfleger oder Krankenschwestern haben wahrscheinlich eine grüne Seelenfarbe, denn dies ist die Farbe des Heilens.

Doch die Kommunikationswege der Geistigen Welt sind sehr vielfältig. Wir haben alle auch mindestens einen Schutzengel in unserer Nähe. Er beschützt uns, bietet spirituelle Führung und leistet bei Bedarf moralische Unterstützung. Sie sollten eines wissen: Wann immer Sie sich im Stich gelassen fühlen oder Orientierungshilfe zu einem Thema benötigen, Sie sind nicht allein – Ihre Geistführer sind immer um Sie herum versammelt.

Sie wirken aus den verschiedenen höheren Dimensionen heraus. Davon gibt es zwölf. Wir existieren in der dritten und Engel normalerweise in der fünften oder einer noch höheren Dimension. In der fünften Dimension sind Gedanken etwas Greifbares und haben Vorrang vor Dingen. Deshalb ist es sehr wichtig, so positiv wie möglich zu denken. Denken Sie immer daran: Ihre Gedanken wirken sich unmittelbar auf das aus, was in Ihrer dreidimensionalen Welt geschieht.

So etwas wie den »Tod« gibt es übrigens nicht. Wenn wir sterben, gehen wir in eine höhere, lichtere Dimension über und tauschen unseren alten Körper gegen ein neues Modell ein. Zeit, wie wir sie kennen, existiert nur in der dritten und vierten Dimension, nicht aber in der fünften. Es gibt dort weder Vergangenheit noch Gegenwart oder Zukunft, alles »existiert« einfach. Daher kann ein gutes Medium in die fünfte Dimension gehen und dort einen sehr genauen Blick auf die Zukunft werfen oder sogenannte Fernwahrnehmungen haben und Vergangenheit, Gegenwart und Zukunft mit großer Genauigkeit einsehen.

Manchmal kann man geistige Wesenheiten auch aus dem Augenwinkel heraus erspähen, weil unser Blick dann nicht fokussiert ist und wir offener für die subtilen Schwingungen anderer Dimensionen sind, denn normalerweise schwingen sie ja auf einer höheren Frequenz als in unserer dritten Dimension. Am einfachsten ist es für geistige Wesen jedoch, mit uns über Gedanken zu kommunizieren. Will man zum Beispiel mit einem geliebten Menschen auf der anderen Seite in Kontakt treten, genügt es oft, dieser Person einen einzigen Gedanken oder eine Frage zu schicken, etwa: »Wie geht es dir?« Und die Antwort kommt umgehend. Die erste Erwiderung, die Sie erhalten, ist meistens schon ihre Antwort.

Manchmal behilft sich die Geistige Welt zum Kommunizieren aber auch mit einem Tier, vielleicht einem Vogel oder einem Schmetterling. Wenn Sie zum Beispiel an Ihre wunderbare Großmutter denken, die vor Jahren verstorben ist, könnte auf einmal ein Vogel ans Fenster geflogen kommen, dort verweilen und Sie anschauen. Wahrscheinlich ist das dann Ihre Großmutter, die Ihnen sagt, dass sie Sie liebt und bei Ihnen ist!

Auch über Ihren Lieblingsduft oder Gerüche kann die Geistige Welt mit uns kommunizieren. Ich habe bereits den Geruch erkannt, den mein Vater hatte, wenn er im Wald hinter unserer Farm arbeitete, wo ich aufgewachsen bin. Als ich seinen »holzigen Geruch« wahrnahm, wusste ich, dass er bei mir war, mich beschützte und mir half!

Beim Autofahren dringen oft gleich mehrere Strahlen von »Engelslicht«, wie ich es nenne, durch das Autofenster. Es ist kein Sonnenlicht, ich spüre den Unterschied sofort, und wenn das passiert, fühle ich mich immer so gesegnet, weil ich dann weiß, dass ich geliebt werde und beschützt bin. Auf dem folgenden Foto sehen Sie, wie es aussieht, wenn Engelslicht durch die Windschutzscheibe meines Autos dringt.

Die Kommunikation mit der Geistigen Welt ist sehr einfach. Der Wunsch nach Anbindung reicht.

# Anhang B

## Strahlungstests in den Gewässern vor der Küste bei Seattle und im Pazifik – keine Strahlung von Fukushima

Im März 2014 ließ ich das Wasser des Pazifiks vor Ocean Shores, Washington, nördlich von Aberdeen, ebenfalls im Bundesstaat Washington, vom Wisconsin State Laboratory of Hygiene auf Strahlung von Fukushima testen.

In seiner eMail vom 4. April 2014 berichtete mir der Strahlungsexperte Arnie Gundersen, dass die Tests radioaktives Kalium (K-40) aus den Atombombentests in den 1950er und 1960er Jahren nachwiesen. Die in Fukushima ausgetretene Strahlung bestand allerdings größtenteils aus radioaktivem Cäsium 134 und 137 (Cs 134, Cs 137). In der Wasserprobe konnten keinerlei Rückstände dieses Cäsiums nachgewiesen werden.

Die Wasseranalyse aus dem Pazifischen Ozean vor der Küste von Ocean Shores, Washington, vom März 2014 erbrachte also: keine Strahlung gemessen, außer K-40. Eine Analyse vor Sea Bass bei Astoria führte zum gleichen Ergebnis.

Nachfolgend sind die offiziellen Dokumente wiedergegeben, so dass Sie sich selbst ein Bild machen können:

Wisconsin State Laboratory of Hygiene
2601 Agriculture Drive, PO Box 7996
Madison, WI 53707-7996
(800)442-4618 • FAX (608)224-6213
http://www.slh.wisc.edu

# Laboratory Report

D.F. Kurtycz, M.D., Medical Director • Charles D. Brokopp, Dr.P.H., Director

Environmental Health Division Radiochemistry

WDNR LAB ID: 113133790 NELAP LAB ID: E37658 EPA LAB ID: WI00007 WI DATCP ID: 105-415

**Supplement to test report#:** 9568413

**WSLH Sample: RY001430** **Provisional Report**

**TED MAHR**

Bill To

Customer ID: 346414
TED MAHR

Collection Date: 03/08/2014 13:00:00
Collected By: T MAHR
Owner:
Well Completion Date:
Unique Well #:
Account: PP009
Well Construction:
Date Received: 03/11/2014 07:24:00
County:
Date Reported:
Driller or Pump Installers License #: TED MAHR
Sample Reason: GRAB SAMPLE
Sampling Location:
Sampling Point: PUBLIC DRINKING ENTRY POINT
Sampling information: SALT WATER
Lat Deg: Min: Long Deg: Min: Method:
Driller:
Analyses and Results:

Analysis Date: 03/14/2014 08:41:05 Lab Comment

| Analysis Method | Result | Units | LOD |
|---|---|---|---|
| EPA_901.1 BE-7 ACTIVITY | 0.000±0.000 | BQ/L | 0.297 |
| EPA_901.1 K-40 ACTIVITY | 9.56±1.68 | BQ/L | 1.47 |
| EPA_901.1 MN-54 ACTIVITY | 0.000±0.000 | BQ/L | 0.0386 |
| EPA_901.1 CO-58 ACTIVITY | 0.000±0.000 | BQ/L | 0.0312 |
| EPA_901.1 FE-59 ACTIVITY | 0.000±0.000 | BQ/L | 0.0592 |
| EPA_901.1 CO-60 ACTIVITY | 0.000±0.000 | BQ/L | 0.0420 |
| EPA_901.1 ZN-65 ACTIVITY | 0.000±0.000 | BQ/L | 0.0594 |
| EPA_901.1 NB-95 ACTIVITY | 0.000±0.000 | BQ/L | 0.0354 |
| EPA_901.1 ZR-95 ACTIVITY | 0.000±0.000 | BQ/L | 0.0577 |
| EPA_901.1 RU-103 ACTIVITY | 0.000±0.000 | BQ/L | 0.0359 |
| EPA_901.1 RU-106 ACTIVITY | 0.000±0.000 | BQ/L | 0.277 |
| EPA_901.1 I-131 ACTIVITY | 0.000±0.000 | BQ/L | 0.0313 |
| EPA_901.1 CS-134 ACTIVITY | 0.000±0.000 | BQ/L | 0.0305 |

Page 1 of 2

*Laborbericht Wasser vor Ocean Shores, Seite 1*

Wisconsin State Laboratory of Hygiene
2601 Agriculture Drive, PO Box 7996
Madison, WI 53707-7996
(800)442-4618 • FAX (608)224-6213
http://www.slh.wisc.edu

# Laboratory Report

D.F. Kurtycz, M.D., Medical Director • Charles D. Brokopp, Dr.P.H., Director

Environmental Health Division Radiochemistry

WDNR LAB ID: 113133790 NELAP LAB ID: E37658 EPA LAB ID: WI00007 WI DATCP ID: 105-415

**Supplement to test report#:** 9568413

**WSLH Sample: RY001430** **Provisional Report**

| | | | |
|---|---|---|---|
| EPA_901.1 CS-137 ACTIVITY | 0.000±0.000 | BQ/L | 0.0422 |
| EPA_901.1 BA-140 ACTIVITY | 0.000±0.000 | BQ/L | 0.174 |
| EPA_901.1 LA-140 ACTIVITY | 0.000±0.000 | BQ/L | 0.0492 |
| EPA_901.1 CE-141 ACTIVITY | 0.000±0.000 | BQ/L | 0.0754 |
| EPA_901.1 CE-144 ACTIVITY | 0.000±0.000 | BQ/L | 0.279 |

Test results for NELAP accredited tests are certified to meet the requirements of the NELAC standards. For a list of accredited analytes see http://www.slh.wisc.edu/nelap/

**List of Abbreviations:**

LOD = Level of detection

Responsible Party: *David Webb* David Webb, ESS Director

If there are questions about this report, please contact the Radiochemistry Unit at 608-224-6227.

The results in this report apply only to the sample specifically listed above. This report is not to be reproduced except in full.

Report #: 9568415 Page 2 of 2

*Laborbericht Wasser vor Ocean Shores, Seite 2*

WSLH

Wisconsin State Laboratory of Hygiene
http://www.slh.wisc.edu/ehd
Environmental Health Division
2601 Agriculture Drive
P.O. Box 7996
Madison, WI 53707-7996
(608)224-6202 (800)442-4618

# RADIOACTIVITY IN WATER TEST REQUEST FORM

Please type or print clearly, and be sure that all spaces are filled in. Your test can not be processed unless complete information is provided. There is a cost for each test.

- [x] Gamma Scan
- [ ] Radium 228
- [ ] Tritium
- [ ] Gross Alpha & Beta
- [ ] Radium 226 & 228
- [ ] Uranium Isotopic
- [ ] Radium 226
- [ ] Strontium 90
- [ ] Uranium Total
- [ ] Radium 224 *Needs to be scheduled*
- [ ] Thorium Isotopic
- [ ]

**Report to:**
(*Please print clearly or use your address label*)

Name: TED MAHR

PO Box:

Address:

City:

State:

Phone:

Fax:

**Customer ID :** 346414

**Bill to: (if different from Report address)**
(*Please print clearly or use your address label*)

Name:

(Company, Water System):

Address:

City:

State: Zip:

Phone: ( )

Fax: ( )

**Sample Description:**

Salt water

**Well Information:**

*Complete this section ONLY if you have a well*

Unique Well # Example : AB123

PWSID #

**Collection:**

~~RM 031414~~

Date: 03 / 08 / 14 ~~0945 AM~~

Time: ~~13~~ : ~~1:00~~ AM or PM (circle one)

Collected By: 1300 CST / GDK 040314

County:

Professional License #:

Address Sampled: ☐ (Check if same as **Report** name and address)

Address:

City:

State: Zip:

**US Mail Address:**
State Lab of Hygiene
Radiochemistry Unit
PO BOX 7996
Madison, WI 53707-7996

**UPS/Federal ExpressAddress:**
State Lab of Hygiene
Radiochemistry Unit
2601 Agriculture Dr
Madison, WI 53718-6780

AP009

03/11/14
07:24
RY001430

REC'D 1 9.46l CONTAINER
LAB ACIDIFIED AFTER POUR OFF 1l JGB PHL2 031114
20ml HNO3 031114

*Laborbericht Wasser vor Ocean Shores, Seite 3*

Wisconsin State Laboratory of Hygiene
2601 Agriculture Drive, PO Box 7996
Madison, WI 53707-7996
(800)442-4618 • FAX (608)224-6213
http://www.slh.wisc.edu

# Laboratory Report

D.F. Kurtycz, M.D., Medical Director • Charles D. Brokopp, Dr.P.H., Director

Environmental Health Division  Radiochemistry

WDNR LAB ID: 113133790  NELAP LAB ID: E37658  EPA LAB ID: WI00007  WI DATCP ID: 105-415

**Supplement to test report#:** 9568414

**WSLH Sample: RY001478**  **Provisional Report**

**TED MAHR**

Bill To

Customer ID: 346414
TED MAHR

Collection Date: 03/05/2014 14:00:00
Owner:
Unique Well #:
Well Construction:
County:
Driller or Pump Installers License #: TED MAHR
Sampling Location: 20 MILES OF THE COAST OF ASTORIA OR
Sampling Point: PUBLIC DRINKING ENTRY POINT
Sampling information: SEA BASS

Collected By:
Well Completion Date:
Account: PP009
Date Received: 03/14/2014 13:29:00
Date Reported:
Sample Reason: GRAB SAMPLE

Lat Deg: Min: Long Deg: Min: Method:

Driller:

Analyses and Results:

Analysis Date: 03/20/2014 12:50:12  Lab Comment

| Analysis Method | Result | Units | LOD |
|---|---|---|---|
| EPA_901.1 BE-7 ACTIVITY | 0.000±0.000 | BQ/KG | 0.277 |
| EPA_901.1 K-40 ACTIVITY | 111.±17.0 | BQ/KG | 1.21 |
| EPA_901.1 MN-54 ACTIVITY | 0.000±0.000 | BQ/KG | 0.0337 |
| EPA_901.1 CO-58 ACTIVITY | 0.000±0.000 | BQ/KG | 0.0376 |
| EPA_901.1 FE-59 ACTIVITY | 0.000±0.000 | BQ/KG | 0.0905 |
| EPA_901.1 CO-60 ACTIVITY | 0.000±0.000 | BQ/KG | 0.0364 |
| EPA_901.1 ZN-65 ACTIVITY | 0.000±0.000 | BQ/KG | 0.0862 |
| EPA_901.1 NB-95 ACTIVITY | 0.000±0.000 | BQ/KG | 0.0397 |
| EPA_901.1 ZR-95 ACTIVITY | 0.000±0.000 | BQ/KG | 0.0571 |
| EPA_901.1 RU-103 ACTIVITY | 0.000±0.000 | BQ/KG | 0.0342 |
| EPA_901.1 RU-106 ACTIVITY | 0.000±0.000 | BQ/KG | 0.263 |
| EPA_901.1 I-131 ACTIVITY | 0.000±0.000 | BQ/KG | 0.119 |
| EPA_901.1 CS-134 ACTIVITY | 0.000±0.000 | BQ/KG | 0.0309 |

Page 1 of 2

*Laborbericht Wasser vor Sea Bass, Seite 1*

Wisconsin State Laboratory of Hygiene
2601 Agriculture Drive, PO Box 7996
Madison, WI 53707-7996
(800)442-4618 • FAX (608)224-6213
http://www.slh.wisc.edu

# Laboratory Report

D.F. Kurtycz, M.D., Medical Director • Charles D. Brokopp, Dr.P.H., Director

Environmental Health Division　　Radiochemistry

WDNR LAB ID: 113133790　NELAP LAB ID: E37658　EPA LAB ID: WI00007　WI DATCP ID: 105-415

**Supplement to test report#:** 9568414

**WSLH Sample: RY001478**　**Provisional Report**

| | | | |
|---|---|---|---|
| EPA_901.1 CS-137 ACTIVITY | 0.000±0.000 | BQ/KG | 0.0738 |
| EPA_901.1 BA-140 ACTIVITY | 0.000±0.000 | BQ/KG | 0.252 |
| EPA_901.1 LA-140 ACTIVITY | 0.000±0.000 | BQ/KG | 0.0704 |
| EPA_901.1 CE-141 ACTIVITY | 0.000±0.000 | BQ/KG | 0.0611 |
| EPA_901.1 CE-144 ACTIVITY | 0.000±0.000 | BQ/KG | 0.191 |

Test results for NELAP accredited tests are certified to meet the requirements of the NELAC standards. For a list of accredited analytes see http://www.slh.wisc.edu/nelap/

**List of Abbreviations:**

LOD = Level of detection

Responsible Party: *David Webb* David Webb, ESS Director

If there are questions about this report, please contact the Radiochemistry Unit at 608-224-6227.
The results in this report apply only to the sample specifically listed above. This report is not to be reproduced except in full.

Report #: 9568416　　Page 2 of 2

*Laborbericht Wasser vor Sea Bass, Seite 2*

WSLH
Wisconsin State Laboratory of Hygiene
http://www.slh.wisc.edu/ehd
Environmental Health Division
2601 Agriculture Drive
P.O. Box 7996
Madison, WI 53707-7996
(608)224-6202 (800)442-4618

# RADIOACTIVITY IN WATER TEST REQUEST FORM

Please type or print clearly, and be sure that all spaces are filled in. Your test can not be processed unless complete information is provided. There is a cost for each test.

| | | |
|---|---|---|
| ☒ Gamma Scan | ☐ Radium 228 | ☐ Tritium |
| ☐ Gross Alpha & Beta | ☐ Radium 226 & 228 | ☐ Uranium Isotopic |
| ☐ Radium 226 | ☐ Strontium 90 | ☐ Uranium Total |
| ☐ Radium 224 *Needs to be scheduled* | ☐ Thorium Isotopic | ☐ |

**Report to:**
(*Please print clearly or use your address label*)

Name: TED MAHR
PO Box:
Address:
City:
State:
Phone:
Fax:

**Customer ID : 346414**
Email: outofthisworld1150@gmail.com

**Bill to: (if different from Report address)**
(*Please print clearly or use your address label*)

Name:
(Company, Water System):
Address:
City:
State: Zip:
Phone: ( )
Fax: ( )

**Sample Description:**
SEA BASS

**Well Information:**
*Complete this section ONLY if you have a well*
Unique Well # __ __ __ __ __ Example : AB123
PWSID #

**Collection:**
Date: 03 / 05 / 14
Time: 12 : 00 AM or **PM** (circle one) PST
14:00 CDT 3/24/14 SP
Collected By:
County:
Professional License #:

Address Sampled: ☐ (Check if same as Report name and address)
Address: 20 MILES OFF THE COAST OF ASTORIA, OR.
City:
State: Zip:
JGB 031714

**US Mail Address:**
State Lab of Hygiene
Radiochemistry Unit
PO BOX 7996
Madison, WI 53707-7996

**UPS/Federal ExpressAddress:**
State Lab of Hygiene
Radiochemistry Unit
2601 Agriculture Dr
Madison, WI 53718-6780

PP009
03/14/14
13:29
RY001478

2999 GRN

*Laborbericht Wasser vor Sea Bass, Seite 3*

# Anhang C

## Chemtrail-Tests in Moses Lake, Washington

Am nördlichen Rand von Moses Lake befindet sich ein alter Stützpunkt der amerikanischen Luftwaffe, die Larsen Air Force Base. Sie wurde offiziell 1966 geschlossen, doch das Militär nutzt sie nach wie vor zum Versprühen von Chemtrails, denn die Lande- beziehungsweise Startbahn dieses Stützpunktes ist die zweitlängste in Nordamerika. Neben dem nördlichen Teil der Landebahn befindet sich ein Gebäude im Besitz von Chemi Con, einer Firma, deren Muttergesellschaft in Japan sitzt. Wie sich der Webseite www.chemi-con.com entnehmen lässt, ist sie auf Schwermetalle spezialisiert und »Nordamerikas größter Lieferant von Aluminium-Elektrolytkondensatoren«.

Das von Flugzeugen der U.S. Navy aus nächster Nähe über Moses Lake versprühte Aluminium sowie weitere versprühte Schwermetalle könnten von diesem Unternehmen an der Startbahn in Moses Lake stammen. Sie könnten von Militärflugplätzen in Japan zur McCord Air Force Base in der Nähe von Tacoma, Washington, transportiert und dann ganz einfach nach Moses Lake gebracht worden sein, denn die U.S. Air Force und die U.S. Navy fliegen regelmäßig – beinahe täglich – von McCord nach Moses Lake. Ich habe selbst gesehen, wie immer wieder dieselben Orion-P-130-Flieger der U.S. Navy von der McCord Air Force Base gestartet und dort gelandet sind.

Im Jahr 2014 ließ ich das Wisconsin State Laboratory of Hygiene mehrere Tests zum Überprüfen der Luft, des Wassers und der Fische in Moses Lake, Washington, durchführen, nachdem Labore im Bundesstaat Washington sich geweigert hatten, irgendwelche Tests durchzuführen. Die entsprechenden Testergebnisse sind nachstehend aufgeführt …

**(a)** OTW Wisconsin Lab Report_wslh_final 153979 47355. – Das Wasser des Sees in Moses Lake wurde auf diverse Metalle getestet. Es wurden signifikante Mengen an Schwefel, Aluminium, Barium und Strontium nachgewiesen (siehe Laborbericht 1).

| | |
|---|---|
| Schwefel | 5100 mg/L |
| Aluminium | 43,9 mg/L |
| Barium | 31,0 mg/L |
| Strontium | 172 mg/L |

**(b)** OTW Air Filter tests_wslh_final 156770 47355.pdf – Die Luft der Stadt wurde mit einem Luftfilter auf diverse Metalle getestet. Es wurden gefährliche und äußerst toxische Mengen an Aluminium (7940 mg/kg), Natrium (2440 mg/kg) und weiteren Metallen nachgewiesen (siehe Laborbericht 2).

Allein durch den Aluminium-Gehalt ist das bloße Einatmen der Luft in Moses Lake, Washington, schon gefährlich. Wäre Moses Lake, Washington, eine Arbeiterstadt, die den Vorgaben der Occupational Safety & Health Administration (OSHA), also den Arbeitsschutzrichtlinien des US-amerikanischen Arbeitsministeriums unterliegt, müsste das gesamte Gebiet umgehend evakuiert werden, wie Therese Aigner, eine Umweltberaterin aus Pennsylvania, sagt.

**(c)** OTW – ML Water test results_wslh_final 160124 47355. PDF – Und es wurde noch eine weitere Probe des Wassers vom Moses Lake entnommen und auf diverse Metalle getestet. Auch darin wurden signifikante Mengen an Aluminium und Strontium nachgewiesen (siehe Laborbericht 3).

Wisconsin State Laboratory of Hygiene
2601 Agriculture Drive, PO Box 7996
Madison, WI 53707-7996
(800)442-4618 - FAX (608)224-6213
http://www.slh.wisc.edu

# Laboratory Report

D.F. Kurtycz, M.D., Medical Director - Charles D. Brokopp, Dr.P.H., Director

Environmental Health Division

WDNR LAB ID: 113133790 NELAP LAB ID: E37658 EPA LAB ID: WI00007 WI DATCP ID: 105-415

**WSLH Sample: 153979001**

Report To:
TED MAHR

Invoice To:
TED MAHR

Customer ID: 346414

Collection Date: 8/25/2014 9:00:00 PM
Owner:

Collected By: TED MAHR
Well Completion Date:

Unique Well #: NA
Well Construction:
County:
Driller or Pump Installers License #:
Sampling Location: 5108 SHORECREST ROAD, N.E.
MOSES LAKE, WA 98837
Sampling Point: SWIMMING BEACH

Date Received: 8/28/2014
Date Reported: 9/3/2014
Sample Reason: INVESTIGATION

## Sample Comments

NON-SLH BOTTLE USED. RESULTS APPROXIMATE.

## Metals, Total Recoverable

| Analyte | | | Analysis Method | Result | Units | LOD | LOQ |
|---|---|---|---|---|---|---|---|
| Prep Date | 09/02/14 | Analysis Date | 09/03/14 | | | | |
| Sulfur | | | E200.7 Metals, Trace Elements | 5100 | ug/L | 20.0 | 60.0 |
| Aluminum | | | E200.7 Metals, Trace Elements | 43.9 | ug/L | 10.0 | 30.0 |
| Barium | | | E200.7 Metals, Trace Elements | 31.0 | ug/L | 1.00 | 3.00 |
| Strontium | | | E200.7 Metals, Trace Elements | 172 | ug/L | 1.00 | 3.00 |

Report ID: 1711789 Page 1 of 3 Report Rev: 0000.25.2.WSLH.0

*Laborbericht 1 – Süßwasser in Moses Lake, Seite 1*

Wisconsin State Laboratory of Hygiene
2601 Agriculture Drive, PO Box 7996
Madison, WI 53707-7996
(800)442-4618 - FAX (608)224-6213
http://www.slh.wisc.edu

# Laboratory Report

D.F. Kurtycz, M.D., Medical Director - Charles D. Brokopp, Dr.P.H., Director

Environmental Health Division

WDNR LAB ID: 113133790 NELAP LAB ID: E37658 EPA LAB ID: WI00007 WI DATCP ID: 105-415

**WSLH Sample: 153979001**

The water microbiology unit analyzes samples as received and not all samples are tested for preservation before analysis is performed.

List of Abbreviations:
LOD = Level of detection
LOQ = Level of quantification
ND = None detected. Results are less than the LOD
F next to result = Result is between LOD and LOQ
Z next to result = Result is between 0 (zero) and LOD
if LOD=LOQ, Limits were not statistically derived

*Test results for NELAP accredited tests are certified to meet the requirements of the NELAC standards. For a list of accredited analytes see http://www.slh.edu/nelap/

## Responsible Party

Microbiology: Sharon Kluender, Lab Manager, 608-224-6262
Inorganic Chemistry: Tracy Hanke, Lab Manager, 608-224-6270
Metals: DeWayne Kennedy-Parker, Lab Manager, 608-224-6282
Organic Chemistry: David Webb, Lab Manager, 608-224-6200
Emergency Chemical Response: Noel Stanton, Lab Manager, 608-224-6251



*Laborbericht 1 – Süßwasser in Moses Lake, Seite 2*

Wisconsin State Laboratory of Hygiene
2601 Agriculture Drive, PO Box 7996
Madison, WI 53707-7996
(800)442-4618 - FAX (608)224-6213
http://www.slh.wisc.edu

# Laboratory Report

D.F. Kurtycz, M.D., Medical Director - Charles D. Brokopp, Dr.P.H., Direct

Environmental Health Division

WDNR LAB ID: 113133790 NELAP LAB ID: E37658 EPA LAB ID: WI00007 WI DATCP ID: 105-415

**WSLH Sample: 153979001**

## Drinking Water Standards for Result Interpretation

| Parameter | Public Health Standard | Public Welfare Standard | Lifetime Health Advisory Limit |
|---|---|---|---|
| Aluminum | 200 ug/L | | |
| Arsenic (Total) | 10 ug/L | | |
| Atrazine* | 3.0 ppb | | |
| Cadmium | 5 ug/L | | |
| Calcium | No standard | | |
| Chromium (Total) | 100 ug/L | | |
| Cobalt | 40 ug/L | | |
| Copper | 1300 ug/L | | |
| Fluoride | See below | | |
| Hardness | No standard (see below) | | |
| Iron | | 0.3 mg/L | |
| Lead | 15 ug/L | | |
| Magnesium | No standard | | |
| Manganese | 300 ug/L | 50 ug/L | |
| Molybdenum | | | 90 ug/L ** |
| Nickel | 100 ug/L | | |
| Nitrate | 10 mg/L | | |
| Nitrate + Nitrite | 10 mg/L | | |
| Nitrite | 1 mg/L | | |
| Strontium | | | 4000 ug/L (EPA) |
| Vanadium | 30 ug/L | | |
| Zinc | | 5000 ug/L | |

Note: This table does not contain a complete list of standards. A complete list can be found in s. NR 140, Wis. Adm. Code.

**Public Health Standard:** Limit above which the water should not be consumed or used for food preparation. (s. NR 140.10, Wis. Adm. Code)

**Public Welfare Standard:** Limit above which the substance may adversely affect the cosmetic or aesthetic quality of drinking water. (s. NR 140.12, Wis. Adm. Code)

**Lifetime Health Advisory Limit:** Consuming water below this limit for a lifetime is not expected to cause adverse health effects. (United States Environmental Protection Agency (EPA) or Wisconsin Dept. of Health Services (WI DHS))

*The Atrazine standard includes Atrazine and its breakdown products.

**NR 140 currently lists a Public Health Standard for Molybdenum of 40 ug/L, however this number is based on the EPA Lifetime Health Advisory Limit which is currently under review. The 90 ug/L Lifetime Health Advisory is recommended by the WI Dept of Health Services and should be used in the evaluation of the safety of your drinking water.

| Other analytes: | Concentration: | Interpretation: |
|---|---|---|
| Fluoride | 0.7 mg/L | Optimal |
| | >2.0 mg/L | Children under 8 should not consume |
| | >4.0 mg/L | Children and adults should not consume |
| Hardness | <17.1 mg/L | Soft |
| | 17.1-60 mg/L | Slightly hard |
| | 60-120 mg/L | Moderately hard |
| | 120-180 mg/L | Hard |
| | >180 mg/L | Very Hard |

Report ID: 1711789 Page 3 of 3 Report Rev: 0000.25.2.WSLH.0

*Laborbericht 1 – Süßwasser in Moses Lake, Seite 3*

Wisconsin State Laboratory of Hygiene
2601 Agriculture Drive, PO Box 7996
Madison, WI 53707-7996
(800)442-4618 - FAX (608)224-6213
http://www.slh.wisc.edu

# Laboratory Report

D.F. Kurtycz, M.D., Medical Director - Charles D. Brokopp, Dr.P.H., Dir

Environmental Health Division

WDNR LAB ID: 113133790 NELAP LAB ID: E37658 EPA LAB ID: WI00007 WI DATCP ID: 105-415

**WSLH Sample: 156770001**

Report To:
TED MAHR

Invoice To:
TED MAHR

Customer ID: 346414

Field #: CHARCOAL AIR FILTER
Project No:
Collection End:
Collection Start:
Collected By: TED MAHR
Date Received: 9/12/2014
Date Reported: 9/24/2014
Sample Reason:

ID#:
Sample Location:
Sample Description: CHARCOAL FILTER FROM KENMORE HEPA 200
Sample Type:
Waterbody:
Point or Outfall:
Sample Depth:
Program Code:
Region Code:
County:

## Metals, Total

Prep Date 09/16/14 Analysis Date 09/17/14

Comments:
This sample was tested for twenty-six (26) metals using a qualitative technique. This technique is intended to be a screening tool to provide a general profile of the sample for a suite of metals and minerals. The concentration of these metals and minerals should be considered an approximation.

| Analyte | Analysis Method | Result | Units | LOD | LOQ |
|---|---|---|---|---|---|
| Antimony | SW846 6010B | 3.08 | mg/kg | 0.857 | 2.57 |
| Arsenic | SW846 6010B | ND | mg/kg | 0.857 | 2.57 |
| Barium | SW846 6010B | 32.4 | mg/kg | 0.428 | 1.37 |
| Beryllium | SW846 6010B | 0.152F | mg/kg | 0.0857 | 0.257 |
| Boron | SW846 6010B | 23.9 | mg/kg | 1.71 | 5.14 |
| Cadmium | SW846 6010B | 0.343 | mg/kg | 0.0857 | 0.257 |
| Calcium | SW846 6010B | 2550 | mg/kg | 8.57 | 27.4 |
| Chromium | SW846 6010B | 17.3 | mg/kg | 0.428 | 1.37 |
| Cobalt | SW846 6010B | 3.94 | mg/kg | 0.428 | 1.37 |
| Copper | SW846 6010B | 50.2 | mg/kg | 0.428 | 1.37 |
| Lead | SW846 6010B | 2.06F | mg/kg | 0.857 | 2.57 |
| Magnesium | SW846 6010B | 1550 | mg/kg | 8.57 | 27.4 |

Report ID: 1775714 Page 1 of 6 Report Rev: 0000.25.2.WSLH.0

*Laborbericht 2 – Atemluft in Moses Lake, Seite 1*

Wisconsin State Laboratory of Hygiene
2601 Agriculture Drive, PO Box 7996
Madison, WI 53707-7996
(800)442-4618 - FAX (608)224-6213
http://www.slh.wisc.edu

# Laboratory Report

D.F. Kurtycz, M.D., Medical Director - Charles D. Brokopp, Dr.P.H., Director

Environmental Health Division

/DNR LAB ID: 113133790 NELAP LAB ID: E37658 EPA LAB ID: WI00007 WI DATCP ID: 105-415

**WSLH Sample: 156770001**

## letals, Total

| nalyte | | Analysis Method | Result | Units | LOD | LOQ |
|---|---|---|---|---|---|---|
| rep Date 09/16/14 | Analysis Date | 09/17/14 | | | | |
| Manganese | | SW846 6010B | 114 | mg/kg | 0.428 | 1.37 |
| Molybdenum | | SW846 6010B | ND | mg/kg | 0.857 | 2.57 |
| Nickel | | SW846 6010B | 11.9 | mg/kg | 0.428 | 1.37 |
| Selenium | | SW846 6010B | ND | mg/kg | 1.71 | 5.14 |
| Silver | | SW846 6010B | ND | mg/kg | 0.857 | 2.57 |
| Sodium | | SW846 6010B | 2440 | mg/kg | 8.57 | 27.4 |
| Strontium | | SW846 6010B | 30.1 | mg/kg | 0.428 | 1.37 |
| Thallium | | SW846 6010B | 2.48F | mg/kg | 0.857 | 2.57 |
| Vanadium | | SW846 6010B | 20.0 | mg/kg | 0.428 | 1.37 |
| Zinc | | SW846 6010B | 31.5 | mg/kg | 0.428 | 1.37 |
| rep Date 09/18/14 | Analysis Date | 09/17/14 | | | | |
| Sulfur | | SW846 6010B | 1570 | mg/kg | 343 | 1030 |
| rep Date 09/16/14 | Analysis Date | 09/17/14 | | | | |
| Aluminum | | SW846 6010B | 7940 | mg/kg | 8.57 | 25.7 |
| Iron | | SW846 6010B | 8260 | mg/kg | 85.7 | 274 |
| Potassium | | SW846 6010B | 8810 | mg/kg | 85.7 | 274 |
| Titanium | | SW846 6010B | 429 | mg/kg | 4.28 | 13.7 |

The water microbiology unit analyzes samples as received and not all samples are tested for preservation before analysis is performed.

.ist of Abbreviations:
.OD = Level of detection
.OQ = Level of quantification
ND = None detected. Results are less than the LOD
: next to result = Result is between LOD and LOQ
: next to result = Result is between 0 (zero) and LOD
f LOD=LOQ, Limits were not statistically derived

Test results for NELAP accredited tests are certified to meet the requirements of the NELAC standards. For a list of accredited analytes see http://www.slh.edu/nelap/



*Laborbericht 2 – Atemluft in Moses Lake, Seite 2*

Wisconsin State Laboratory of Hygiene
2601 Agriculture Drive, PO Box 7996
Madison, WI 53707-7996
(800)442-4618 - FAX (608)224-6213
http://www.slh.wisc.edu

# Laboratory Report

D.F. Kurtycz, M.D., Medical Director - Charles D. Brokopp, Dr.P.H., Dir

Environmental Health Division

WDNR LAB ID: 113133790 NELAP LAB ID: E37658 EPA LAB ID: WI00007 WI DATCP ID: 105-415

**WSLH Sample: 156770001**

## Responsible Party

Microbiology: Sharon Kluender, Lab Manager, 608-224-6262
Inorganic Chemistry: Tracy Hanke, Lab Manager, 608-224-6270
Metals: DeWayne Kennedy-Parker, Lab Manager, 608-224-6282
Organic Chemistry: David Webb, Lab Manager, 608-224-6200
Emergency Chemical Response: Noel Stanton, Lab Manager, 608-224-6251



*Laborbericht 2 – Atemluft in Moses Lake, Seite 3*

Wisconsin State Laboratory of Hygiene
2601 Agriculture Drive, PO Box 7996
Madison, WI 53707-7996
(800)442-4618 - FAX (608)224-6213
http://www.slh.wisc.edu

# Laboratory Report

D.F. Kurtycz, M.D., Medical Director - Charles D. Brokopp, Dr.P.H., Director

Environmental Health Division

DNR LAB ID: 113133790 NELAP LAB ID: E37658 EPA LAB ID: WI00007 WI DATCP ID: 105-415

**WSLH Sample: 160124001**

Report To: TED MAHR

Invoice To: TED MAHR

Customer ID: 346414

llection Date: 9/26/2014 10:00:00 AM
vner:

Collected By: TED MAHR
Well Completion Date:

ique Well #: NA
ell Construction:
unty:
ller or Pump Installers License #:
mpling Location: 5108 SHORECREST ROAD, N.E. MOSES LAKE, WA 98837
mpling Point: OTHER

Date Received: 9/29/2014
Date Reported: 10/2/2014
Sample Reason: INVESTIGATION

**mple Comments**

ON-SLH BOTTLE USED. RESULTS APPROXIMATE.

AMPLE SOURCE: LAKE WATER.

**etals, Total Recoverable**

| alyte | Analysis Method | Result | Units | LOD | LOQ |
|---|---|---|---|---|---|
| ep Date 09/29/14 Analysis Date | 10/01/14 | | | | |
| luminum | E200.7 Metals, Trace Elements | 31.0 | ug/L | 10.0 | 30.0 |
| rsenic | E200.7 Metals, Trace Elements | ND | ug/L | 5.00 | 16.0 |
| admium | E200.7 Metals, Trace Elements | ND | ug/L | 1.00 | 3.00 |
| alcium | E200.7 Metals, Trace Elements | 22.2 | mg/L | 0.100 | 0.300 |
| hromium | E200.7 Metals, Trace Elements | ND | ug/L | 1.00 | 3.00 |
| obalt | E200.7 Metals, Trace Elements | ND | ug/L | 1.00 | 3.00 |
| opper | E200.7 Metals, Trace Elements | ND | ug/L | 5.00 | 15.0 |
| ron | E200.7 Metals, Trace Elements | ND | mg/L | 0.100 | 0.300 |

ort ID: 1802098 Page 1 of 3 Report Rev: 0000.25.2.WSLH.0

*Laborbericht 3 – Süßwasser in Moses Lake, Seite 1*

Wisconsin State Laboratory of Hygiene
2601 Agriculture Drive, PO Box 7996
Madison, WI 53707-7996
(800)442-4618 - FAX (608)224-6213
http://www.slh.wisc.edu

# Laboratory Report

D.F. Kurtycz, M.D., Medical Director - Charles D. Brokopp, Dr.P.H., Directo

Environmental Health Division

WDNR LAB ID: 113133790 NELAP LAB ID: E37658 EPA LAB ID: WI00007 WI DATCP ID: 105-415

**WSLH Sample: 160124001**

## Metals, Total Recoverable

| Analyte | Analysis Method | Result | Units | LOD | LOQ |
|---|---|---|---|---|---|
| Prep Date 09/29/14 Analysis Date | 10/01/14 | | | | |
| Lead | E200.7 Metals, Trace Elements | ND | ug/L | 3.00 | 10.0 |
| Magnesium | E200.7 Metals, Trace Elements | 12.6 | mg/L | 0.100 | 0.300 |
| Manganese | E200.7 Metals, Trace Elements | 5.00 | ug/L | 1.00 | 3.00 |
| Nickel | E200.7 Metals, Trace Elements | ND | ug/L | 2.00 | 6.00 |
| Strontium | E200.7 Metals, Trace Elements | 163 | ug/L | 1.00 | 3.00 |
| Vanadium | E200.7 Metals, Trace Elements | 11.0 | ug/L | 1.00 | 3.00 |
| Zinc | E200.7 Metals, Trace Elements | ND | ug/L | 5.00 | 15.0 |
| Hardness (SM 2340B) | E200.7 Metals, Trace Elements | 107 | mg/L | 1.40 | 4.60 |

The water microbiology unit analyzes samples as received and not all samples are tested for preservation before analysis is performed.

List of Abbreviations:
LOD = Level of detection
LOQ = Level of quantification
ND = None detected. Results are less than the LOD
F next to result = Result is between LOD and LOQ
Z next to result = Result is between 0 (zero) and LOD
if LOD=LOQ, Limits were not statistically derived

*Test results for NELAP accredited tests are certified to meet the requirements of the NELAC standards. For a list of accredited analytes see http://www.slh.edu/nelap/

## Previous Reports

This sample was previously reported under the following report ID(s): 1801260

## Responsible Party

Microbiology: Sharon Kluender, Lab Manager, 608-224-6262
Inorganic Chemistry: Tracy Hanke, Lab Manager, 608-224-6270
Metals: DeWayne Kennedy-Parker, Lab Manager, 608-224-6282
Organic Chemistry: David Webb, Lab Manager, 608-224-6200
Emergency Chemical Response: Noel Stanton, Lab Manager, 608-224-6251

Report ID: 1802098 Page 2 of 3 Report Rev: 0000.25.2.WSLH.0

*Laborbericht 3 – Süßwasser in Moses Lake, Seite 2*

Wisconsin State Laboratory of Hygiene
2601 Agriculture Drive, PO Box 7996
Madison, WI 53707-7996
(800)442-4618 - FAX (608)224-6213
http://www.slh.wisc.edu

# Laboratory Report

D.F. Kurtycz, M.D., Medical Director - Charles D. Brokopp, Dr.P.H., Director

Environmental Health Division

WDNR LAB ID: 113133790 NELAP LAB ID: E37658 EPA LAB ID: WI00007 WI DATCP ID: 105-415

**WSLH Sample: 160124001**

## Drinking Water Standards for Result Interpretation

| Parameter | Public Health Standard | Public Welfare Standard | Lifetime Health Advisory Limit |
|---|---|---|---|
| Aluminum | 200 ug/L | | |
| Arsenic (Total) | 10 ug/L | | |
| Atrazine* | 3.0 ppb | | |
| Cadmium | 5 ug/L | | |
| Calcium | No standard | | |
| Chromium (Total) | 100 ug/L | | |
| Cobalt | 40 ug/L | | |
| Copper | 1300 ug/L | | |
| Fluoride | See below | | |
| Hardness | No standard (see below) | | |
| Iron | | 0.3 mg/L | |
| Lead | 15 ug/L | | |
| Magnesium | No standard | | |
| Manganese | 300 ug/L | 50 ug/L | |
| Molybdenum | | | 90 ug/L ** |
| Nickel | 100 ug/L | | |
| Nitrate | 10 mg/L | | |
| Nitrate + Nitrite | 10 mg/L | | |
| Nitrite | 1 mg/L | | |
| Strontium | | | 4000 ug/L (EPA) |
| Vanadium | 30 ug/L | | |
| Zinc | | 5000 ug/L | |

Note: This table does not contain a complete list of standards. A complete list can be found in s. NR 140, Wis. Adm. Code.

**Public Health Standard:** Limit above which the water should not be consumed or used for food preparation. (s. NR 140.10, Wis. Adm. Code)

**Public Welfare Standard:** Limit above which the substance may adversely affect the cosmetic or aesthetic quality of drinking water. (s. NR 140.12, Wis. Adm. Code)

**Lifetime Health Advisory Limit:** Consuming water below this limit for a lifetime is not expected to cause adverse health effects. (United States Environmental Protection Agency (EPA) or Wisconsin Dept. of Health Services (WI DHS))

*The Atrazine standard includes Atrazine and its breakdown products.

**NR 140 currently lists a Public Health Standard for Molybdenum of 40 ug/L, however this number is based on the EPA Lifetime Health Advisory Limit which is currently under review. The 90 ug/L Lifetime Health Advisory is recommended by the WI Dept of Health Services and should be used in the evaluation of the safety of your drinking water.

| Other analytes: | Concentration: | Interpretation: |
|---|---|---|
| Fluoride | 0.7 mg/L | Optimal |
| | >2.0 mg/L | Children under 8 should not consume |
| | >4.0 mg/L | Children and adults should not consume |
| Hardness | <17.1 mg/L | Soft |
| | 17.1-60 mg/L | Slightly hard |
| | 60-120 mg/L | Moderately hard |
| | 120-180 mg/L | Hard |
| | >180 mg/L | Very Hard |

Report ID: 1802098 Page 3 of 3 Report Rev: 0000 25.2.WSLH.0

*Laborbericht 3 – Süßwasser in Moses Lake, Seite 3*

# Anhang D

## Spirituelle Schutzmaßnahmen
## Hu und das weiße Licht

Wir alle sind machtvolle, souveräne, spirituelle Wesen, die in einem menschlichen Körper wohnen, um ihr Bewusstsein weiterzuentwickeln. Selbstschutz ist eine der wichtigsten Lektionen für unser spirituelles Wachstum. Wenn wir mit einer negativen Wesenheit oder Situation konfrontiert sind, sollten wir deshalb daran denken, dass das weiße Licht immer stärker als die Dunkelheit ist. In einem Konflikt zwischen Licht und Dunkelheit oder positiven und negativen Kräften werden die positiven Kräfte des Lichts immer gewinnen!

Sich vor negativen Menschen und Situationen zu schützen ist ganz einfach. Es gibt dazu zwei Möglichkeiten: **(a)** mit weißem Licht und **(b)** durch Ersuchen der Galaktischen Allianz um Hilfe. Es ist außerdem immer gut, beim Umgang mit einer negativen Person oder Situation den Königsweg zu wählen. Er besteht darin, sich niemals hinunter auf die Ebene des Gegners zu begeben. Energie folgt der Aufmerksamkeit, das heißt, wenn Sie Ihre Schwingungsebene senken, tragen Sie noch zu einer ohnehin schon negativen Situation bei. Am besten hat es Mahatma Gandhi ausgedrückt, als er sagte: »Sei stets du selbst die Veränderung, die du in der Welt zu sehen wünschst.«

Um sich mit weißem Licht zu schützen, visualisieren Sie bitte einen Kegel aus weißem Licht um sich herum und dazu eine Anzahl nach außen gerichteter Spiegel, die alles Negative ablenken und zu seiner Quelle zurückspiegeln.

Sobald Sie damit fertig sind, bitten Sie das Höchste Wesen und die Engel darum, diesen Schutz eine Zeitlang, zum Beispiel zwölf bis vierundzwanzig Stunden lang, aufrechtzuerhalten. Dann bedanken Sie sich für ihre Hilfe.

Sie können auch die Galaktische Allianz um Hilfe und Schutz bitten. Dazu chanten Sie das Wort »Hu« drei bis fünf Mal täglich an einem Ort, wo Sie ungestört sind. Sind andere Menschen zugegen und Sie möchten ihr Tun für sich behalten, können Sie es auch in Gedanken chanten. »Hu« ist ein uraltes Wort und leitet sich von dem Wort »human« ab. Wenn Sie dieses Wort in der Meditation verwenden, öffnet es die Zirbeldrüse und hilft bei der Entwicklung Ihrer medialen Fähigkeiten und Ihrer Intuition. Es ist außerdem ein Signal an die Galaktische Allianz mit der Bitte um Hilfe.

Galaktische Allianz ist die Kurzversion des offiziellen Namens Galaktische Allianz Interdimensionaler Freier Welten. Sie besteht aus etwa vierhundertfünfzig Millionen Planeten und sieben Billionen Wesen, die zum großen Teil – aber nicht ausschließlich – menschlich sind. Sie alle sind uns wohlgesonnen und möchten uns in unserer Entwicklung unterstützen. Technologisch sind sie uns um fünfzig- bis hunderttausend Jahre und auf spiritueller Ebene um dreißig- bis fünfzigtausend Jahre voraus.

Mit diesen beiden Techniken können Sie sich gegen alles Negative schützen und sich auf Ihrem spirituellen Weg leiten lassen. Wer bei diesen Techniken Hilfe benötigt, kann sich jederzeit auf Englisch an mich wenden. Meine eMail-Adresse lautet outofthisworld1150@gmail.com.

# Danksagung

Ohne die Unterstützung meines wunderbaren Vaters, Colonel Raymond A. Mahr, hätte dieses Buch nicht geschrieben werden können. Ihm verdanke ich mein Leben, und durch seine Erziehung wurde ich zu der Person, die ich heute bin. Auch meiner wunderbaren Pflegemutter Teri möchte ich herzlich danken. Sie lehrte mich, mit der anderen Seite zu kommunizieren und für einen besseren und glücklicheren Planeten zu arbeiten. Weiterhin geht mein Dank an meine wunderbaren, liebevollen und gütigen Freunde von der anderen Seite, aus der Geistigen Welt – Professor Albert Einstein, J. Robert Oppenheimer, Nostradamus, Leonardo da Vinci, Präsident John F. Kennedy, Senator Robert F. Kennedy, Dr. Masaru Emoto, Mahatma Gandhi, Nikola Tesla, Präsident Dwight D. Eisenhower, Zorra von der Hohlen Erde und die Galaktische Allianz –, für all ihre Botschaften und ihre Bitte an mich, dieses Buch zu schreiben.

Auch all meinen lieben Freundinnen und Freunden bin ich sehr verbunden für ihre Unterstützung: Michiko Hayashi, Global Director des Emoto Peace Project, sowie deren Mitarbeitern und Mitarbeiterinnen in ihrem wunderbaren Tokioer Büro; aber auch R. Scott Lemriel, der für mich den Kontakt mit der Galaktischen Allianz herstellte; Paul Hellyer, der ein großartiges Vorwort zu diesem Buch schrieb, und meinen lieben Freunden Carolyn und Gerry White aus Olympia; sie haben mich ermutigt, das Manuskript korrekturgelesen und die US-Ausgabe gestaltet. Ein weiteres Dankeschön geht an Erika für den wunderbaren Platz zum Schreiben dieses Buches und an all die Lichtarbeiterinnen und Lichtarbeiter, ohne deren Hilfe dieses Werk sicher nicht hätte entstehen können.

Das Buch soll ein Hoffnungsträger in einer Welt sein, die voller Unheil und Hoffnungslosigkeit sein kann. Ich bete dafür, dass es viel Licht, Liebe und Sonnenschein in diese Welt bringt, die so dringend gebraucht werden – es werde Licht!

Euer

Theodore Mahr

*Ted Mahr* ist ein begnadetes Medium und kommt aus einer übersinnlichen Familie, in der es ganz normal war, mit Engeln und Geistwesen zu sprechen. Schon in jungen Jahren lernte er von seiner Pflegemutter Teri, einer Meisterin der energetischen Wahrnehmung, wie man mit der anderen Seite in Kontakt tritt. Er hat mehr als fünfhundert spirituelle Lebenszeiten hinter sich, was über 4.500 Jahren entspricht, wobei das jetzige Leben auf der Erde sein letztes ist, bevor er zu seinem plejadischen Heimatschiff zurückkehrt.

In diesem Leben kann er bereits auf fast dreißig Jahre Erfahrung in der Kommunikation mit der anderen Seite und wohlwollenden Außerirdischen zurückblicken.

Mit *Out of This World Radio* moderiert Ted seine eigene spirituelle TV-Sendung, die in mehr als einhundert Ländern als Podcast auf Deutsch, Englisch und Spanisch gehört wird und ein Publikum von über vierzig Millionen Zuhörern erreicht. Das Ziel seiner Sendereihe ist es, die Welt zu einem besseren und glücklicheren Ort zu machen – und das kann gelingen, betont er immer wieder, »wenn wir alle zusammenarbeiten«. James Redfield, Robert F. Kennedy Junior, Simon Parkes, Michael E. Salla, Alex Collier, Judy Mikovits, Paul Hellyer, Masaru Emoto, David Icke, Len Kasten, Ervin Laszlo, Tom Kenyon, Patricia Cori, Charlie Ward, Carl Johan Calleman, Alfred Lambremont Webre und viele andere waren bereits bei ihm zu Gast.

Ted ist auch als Heiler tätig und lehrt die Menschen, wie sie mit ihren Engeln und Geistführern von der anderen Seite sprechen können, um ihre Seelenaufgabe zu finden. Außerdem bietet er spirituelle Beratung, Fernwahrnehmung und Zeitreisen an. Jedes Jahr begleitet er Menschen auf verschiedenen spirituellen Expeditionen, unter anderem nach Mount

Shasta in Kalifornien, wo sie oft Wunderheilungen erleben und Plejadern begegnen sowie Adama und das Volk von Telos in der Hohlen Erde treffen.

Für weitere Informationen nehmen Sie gerne Kontakt mit Ted auf!
Seine eMail-Adresse: outofthisworld1150@gmail.com.

TV & Radio Show: https://outofthisworld1150.com
Anfragen als Heiler: www.outofthisworldreadings.com
Deutsch moderierter Podcast: www.tedmahr.radioSOL.at

*»Wenn wir alle zusammenarbeiten, können wir eine viel bessere und glücklichere Welt schaffen!«*

»Der Planet Terra ist seit Äonen von außerirdischen Lebewesen besucht worden. Die Invasion einer bösartigen Spezies aus den Systemen Orion und Alpha Draconis sollte sich jedoch als einer der folgenschwersten Besuche herausstellen. Die Deutsch-Nazis schlossen ein Bündnis mit der aggressiven Alien-Spezies von Alpha Draconis, dem Ciakahrr-Imperium, den Terranern besser als Reptiloide bekannt. Dieses Bündnis wird auch kurz als die Dunkle Flotte bezeichnet. Die Reptiloiden versprachen den Nazis Raumfahrt im Austausch gegen terranische Ressourcen und unterirdische Stützpunkte. Der Ursprung dieser Vereinbarungen liegt nahe dem Ende des Zweiten Weltkriegs.

In den Vereinigten Staaten unterzeichnete die Regierung von Präsident Eisenhower hinter seinem Rücken Geheimverträge mit den Orion-Greys. Dabei handelte es sich um den sogenannten Greada-Vertrag, der 1954 vom Militärisch-Industriellem Komplex der Eisenhower-Administration geschlossen wurde, oft auch als Majestic 12 oder MJ-12 bezeichnet. Der Verrat der Eisenhower-Administration und die spätere Kompensation dieser Ereignisse lösten einen planetarischen Krieg auf dem Mond, dem Mars und auch auf der Erde aus.

Als Teil der Vereinbarungen wurden diesen Außerirdischen Einrichtungen auf dem Planeten Terra zugewiesen. Sie befinden sich größtenteils tief unter der Erde und werden als Deep Underground Military Bases oder DUMBS bezeichnet. Der Orion-Gruppe und dem Ciakahrr-Imperium wurden auch Menschen für Experimente versprochen. Die Ethik ihrer Operationen schwand mit der Zeit, und schon bald erlaubten die terranischen Regierungschefs insgeheim, dass eine große Anzahl von Menschen an die Reptiloiden- und Orion-Allianz verkauft wurde, was zu einem weltweiten Menschenhandelsring führte, der auch den Sklavenhandel und genetische Experimente mit einschloss.

Das Ungeheuerlichste war die Lieferung von Erwachsenen, Kindern und Babys an das Imperium der Reptiloiden zur Nah-

*Eine Leseprobe aus Megan Roses wichtigem Enthüllungswerk:*

**Willkommen in der Zukunft**

*Channelings der Galaktischen Föderation*

*AMRA Verlag, 112 Seiten, Hardcover*

*Vorwort von Michael E. Salla*

*Erstmals auf Deutsch*

rungsversorgung. Der Sklavenhandel mit Menschen kam jedoch auch ihren militärischen Fraktionen zugute. Menschen wurden gezwungen, Soldaten zu werden, und auf den Mars, den Mond, in die Antarktis und in unterirdische Militärbasen gebracht. Die Kabale auf Terra verstrickte sich tief in die Geschäfte mit den außerirdischen Invasoren, und die Regierungen von Terra unterwarfen sich deren Forderungen.

Zu Beginn bestand der Vorteil der Regierungschefs, die den Bedingungen der Reptiloiden und der Orion-Greys zustimmten, im Austausch von Technologie. Sie umfasste Raumschiffe und andere technologische Fortschritte, die sich jedoch als nicht so fruchtbar wie gedacht herausstellten. Die Führer der Regierung von Terra wurden darüber im Unklaren gelassen, dass im Grunde eine Invasion stattfand. Die böswilligen Aliens gingen auf einem fremden Planeten immer so vor, dass sie Land und Ressourcen erwarben, und zwar mit voller Zustimmung der dort lebenden Spezies. Die Technologie, die der menschlichen Regierung verkauft wurde, war lächerlich und reichte gerade aus, um sie zu besänftigen, bis sie weitere Hilfe von den heimlichen Invasoren benötigte.

Dies führte dazu, dass die Obrigkeit auf Terra im Laufe der Jahre immer abhängiger von ihnen wurde, bis die Regierungen der Erde von der bösartigen außerirdischen Spezies geführt wurden. «